Partie de campagne

Mein Bruder Jean-Luc liebte unseren alten Käfer

Pour Mamouschka,
Amandine, Joël, Ralf et
Jean-Luc

»L'âme d'un gourmand est toute dans son palais.«
Jean-Jacques Rousseau

Murielle Rousseau-Grieshaber

Partie de campagne

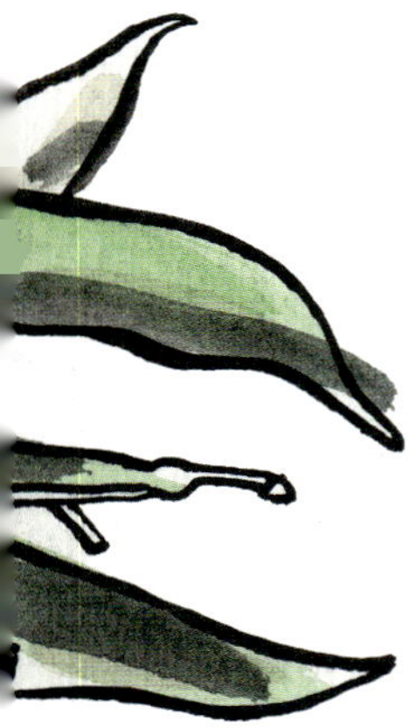

Die wunderbaren Landhausrezepte
meiner französischen Familie

Illustrationen und Gestaltung
von Stefanie Roth

GERSTENBERG

Das alte Namensschild unseres Landhauses Le Piquet

Unser Landhaus Le Piquet in der Sarthe

Sommaire

Inhalt

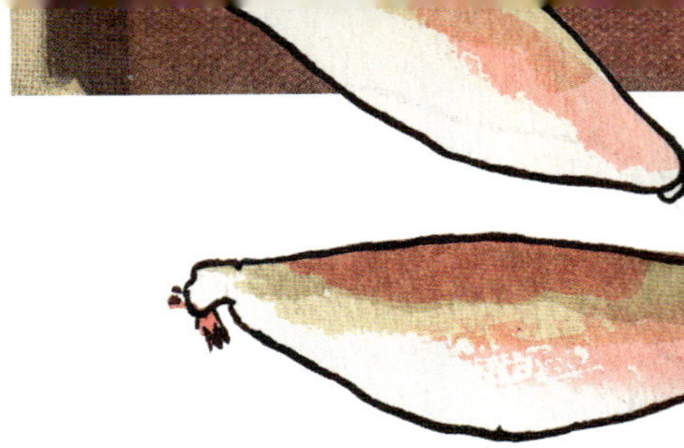

Mars
März

Avril
April

Mein Urgroßvater Gaston hütet meinen Bruder Jean-Luc

Mai
Mai

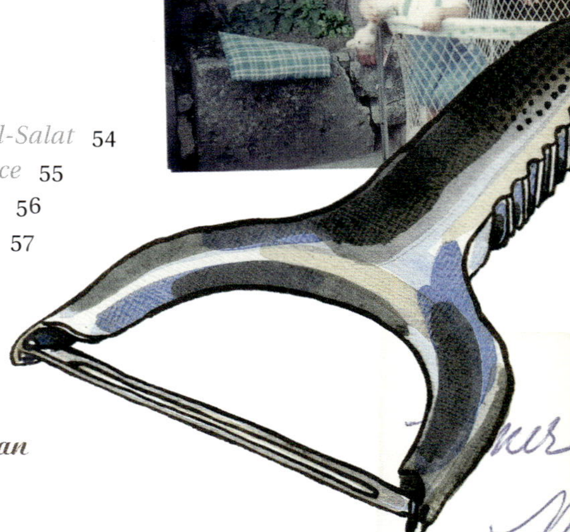

Juin
Juni

Erntepause in der Charente

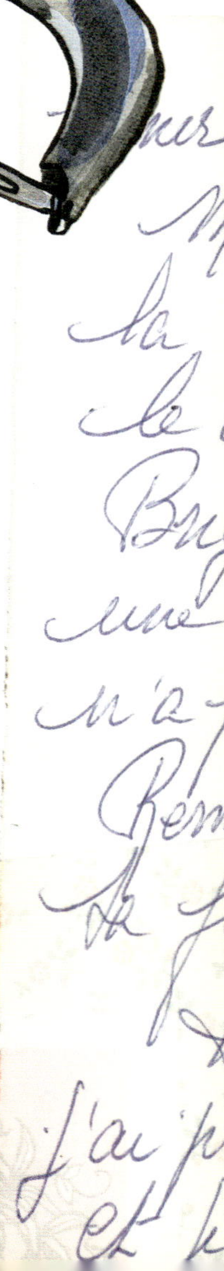

Juillet
Juli

Août
August

Gerade sieben geworden

Je vous invite …

Ich lade Sie ein …

… zu einer Reise in die *campagne* Frankreichs, um Ihnen die französische Landhausküche und das französische Lebensgefühl nahezubringen. In der Küche meiner Familie, der Familie Rousseau, vereinen sich alle Besonderheiten, Farben, Geschmäcker und Gerüche der Sarthe-Region, in der unser über dreihundert Jahre altes Landhaus steht, und der Charente-Region um Cognac, wo die Familien meiner Großeltern und Urgroßeltern ihre Reben zogen und manch ein leckeres Familienrezept die Runde machte.

Einen Teil meines Herzens habe ich für immer an diese beiden Regionen verloren. Wie Tausende andere Pariser ließen wir am Wochenende die lärmende Betriebsamkeit der Hauptstadt hinter uns, warfen unsere gepackten Taschen ins Auto – und ab ins ländliche Herz Frankreichs! Die Ziele unseres Rückzugs aus dem Pariser Leben, das wir unter der Woche mit all seinen Vorzügen und seiner Kultur zu schätzen wussten, hießen Loire und im Urlaub oft auch Charente. Es waren ein uraltes Bauernhaus mit roten Dachziegeln inmitten goldener Weizenfelder am Rande des Departement Sarthe unweit der Loire und ein langgestrecktes, typisches Winzerhaus im Herzen der Grande Champagne im Cognac-Gebiet.

Man sagt, das einzige Stück Heimat, das einem bleibt, wenn man im Ausland lebt, sei die Küche. So vermisse ich zwar meine Heimat, seit ich mit 19 Jahren aus Frankreich fortging, hole mir aber jedes Mal, wenn ich koche, ein Stück davon wieder zurück. Dies ist nach *À table!* und *La vie en rose* mein drittes Kochbuch. Darin verrate ich Ihnen, dem roten Faden der Jahreszeiten folgend, so manches kulinarische Geheimnis des ländlichen Frankreichs und stelle Ihnen darüber hinaus ein paar französische Originale vor, ohne die das französische Essen nicht wäre, was es ist – von der Milchbäuerin über die Käsefrau bis zum Fischhändler. Bei Picknicks und beim Boulespielen zeigt sich das französische Landleben von seiner geselligen Seite. Das erklärt, warum so vielen Parisern längere Aufenthalte in ihrem *maison de campagne* so wichtig sind. Die 66 Originalrezepte sind nach Jahreszeiten sortiert und familienerprobt – von einer Familie, bei der das Kochen eine Herzensangelegenheit ist. *Voilà!*

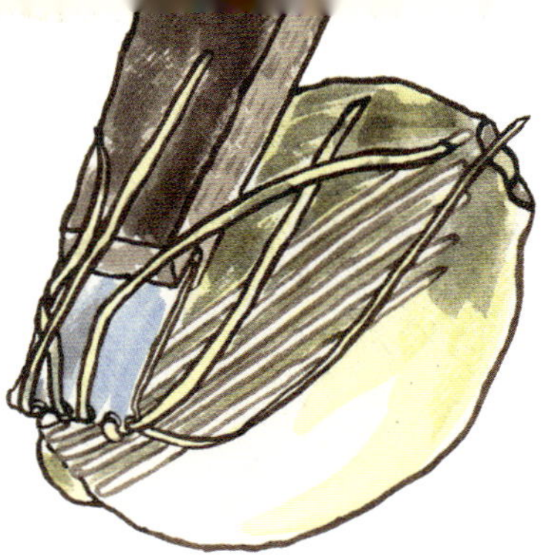

Janvier

Januar

Alter Olivenbaum in Saint-Fort in der Charente

Truffes et huile d'olive en hiver

Mit Trüffeln und Olivenöl durch den Winter

Auf einem sanften Hügel, der sich aus der weiten Landschaft der Sarthe-Region erhebt, steht unser Landhaus Le Piquet. In diesem ehemaligen Bauernhaus mit seiner alten Wasserpumpe im Garten verbrachten wir oft die Wochenenden. Hier waren die Winter meist mild, doch ab und zu zeigte die Landschaft sich frostig und weiß. Raureif überzog die Äste und Gräser, und es herrschte klirrende Kälte. Ein paar Rehe und Hirsche kamen an den Waldrand – der kalte Winter setzte ihnen zu. Im Haus aber knisterte im zwei Meter breiten Kamin das Holz, und es war mollig warm.

Waren wir in der Charente, wo meine Urgroßeltern in dem kleinen Dorf Segonzac bei Cognac wohnten, erlebten wir dort im Januar ein ganz besonderes Fest: Im nahe gelegenen Jarnac wird die Trüffel gefeiert, jener kostbare, unterirdisch wachsende knollenförmige Pilz. In Frankreichs Trüffelgegenden gibt es viele solcher Feste. Mein Vater, als der Koch in unserer Familie, philosophierte gern mit einem befreundeten Gastronomen aus der Region über die sechs Arten des »schwarzen Diamanten«, die für die Küche wichtig sind. Die Trüffel ist ja zu einem Inbegriff der französischen Lebensart geworden, obwohl sie erst seit etwa hundert Jahren (mit Hunden oder Schweinen) »geerntet« wird. Wir konnten uns Trüffeln nicht so oft leisten, doch ab und zu brachte ein Freund, der gerne auf Trüffelfeste oder Märkte ging, auf denen verkauft und vor allen Dingen gehandelt wurde, meinem Vater Trüffelbruch mit. Hatte Papa aber das Glück, eine ganze Trüffel zu bekommen, so schnitt er sie in hauchdünne Blättchen, röstete am Kaminfeuer herzhaftes Bauernbrot, beträufelte die Scheiben mit Olivenöl, bestreute sie mit etwas grobem Salz von der Ile de Ré, belegte sie mit den Trüffelscheiben und genoss seinen Trüffeltoast mit einem Glas Pineau des Charentes. Das war *savoir-vivre*, wie er es mir beibrachte!

Das für die südfranzösische Küche unerlässliche Olivenöl haben wir erst spät für uns entdeckt. Von da an aber durfte das »grüne Gold«, wie Papa es nannte, in unserem Küchenbüffett nicht fehlen. Wir besorgten es in Feinkostläden oder auch bei Kellermeistern, die uns umfassend über Herkunft und Qualität informieren konnten. Denn damals wie heute ist die Kennzeichnung der Her-

Mein Bruder Jean-Luc mit sieben

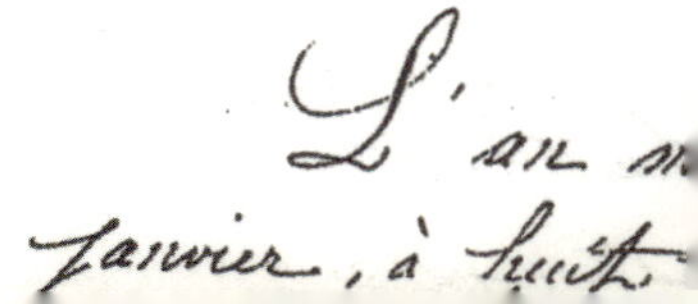

kunft von Ölen gesetzlich nicht vorgeschrieben. Darum waren wir froh, als meine Großmutter, Mamie, sich eines Tages an die Ölmühle ihrer Kindheit in der Charente erinnerte, an eine *moulin à huile* direkt an dem Fluss Né bei Saint-Fort, die außer herrlichem Haselnussöl auch Olivenöl produzierte. Früher brachten die Bauern ihre Jahresernte an Nüssen und Oliven zu der Mühle und vertrieben sich, während sie lief, bei Kartenspiel und gutem Essen die Zeit. Vier bis zehn Kilo Oliven ergeben je nach Art einen Liter des »grünen Goldes«. *Un précieux!*

Winterliche Tischdekoration

»Penser qu'on ne sait pas le nom du premier cochon qui a trouvé une truffe ...«
Edmont de Goncourt

Brouillade de truffes avec pain campagnard grillé

Rührei mit Trüffeln und geröstetem Knoblauchbrot

Rührei

Zutaten für 4 Portionen:
Olivenöl zum Anbraten
1 grüner Kopfsalat, fein geschnitten
6 Zweige glatte Petersilie, fein gehackt
1 Knoblauchzehe, fein gehackt
10 Eier
Salz, Pfeffer aus der Mühle
½ Trüffel
Trüffelhobel

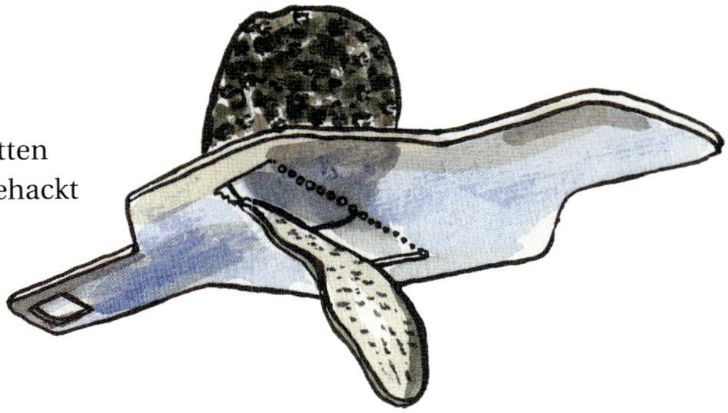

- 1 EL Öl in einer Pfanne erhitzen. Salat, Petersilie und Knoblauch darin anbraten.
- Eier in einer Schüssel schaumig schlagen. Mit Salz und Pfeffer abschmecken.
- Salat-Petersilien-Mischung zu der Eimasse geben.
- Öl in einer Pfanne erhitzen und die Eimasse darin stocken lassen.
- Trüffel über das Rührei hobeln.

Knoblauchbrot

Zutaten für 4 Portionen:
6 Scheiben Bauernbrot
6 Knoblauchzehen
2 EL Olivenöl

- Brot rösten.
- Knoblauch pressen und auf die Brotscheiben streichen.
- Mit Öl beträufeln.

Tipp
Wer Ziegenfrischkäse liebt, kann dem Rührei 60–80 g davon zugeben. Oder auch einen Schuss Pineau des Charentes, das Lieblingsgetränk von Mamie, das wunderbar dazu passt.

Mit etwa drei Jahren

Blanquette de veau avec carottes

Kalbsfrikassee mit Karotten

Zutaten für 4 Portionen:
1 EL Olivenöl
1,5 kg Kalbsschulter, grob gewürfelt
1 Zwiebel, fein gehackt
2 Knoblauchzehen, fein gehackt
4 Karotten, in Scheiben geschnitten
1 EL Mehl
1 Lorbeerblatt
2 Stängel frischer Thymian
1 Zweig frischer Salbei
Salz, Pfeffer aus der Mühle
2 Eigelb, verschlagen
4 EL fein gehackte glatte Petersilie

- Öl in einem großen Schmortopf erhitzen und das Fleisch von allen Seiten anbraten.
- Zwiebel, Knoblauch und Karotten hinzufügen und weiter anbraten.
- Mit Mehl bestäuben. Lorbeer, Thymian und Salbei hinzufügen, salzen und pfeffern.
- Bei aufgelegtem Deckel 1½ Std. leicht köcheln lassen.
- Eigelb hinzufügen und umrühren. Dabei darauf achten, dass die Sauce nicht mehr aufkocht.
- Nochmals abschmecken, mit Petersilie bestreuen und heiß servieren. Dazu passen Salzkartoffeln.

Lentilles avec saucisses et petit salé

Linsen-Wurst-Eintopf

Zutaten für 4 Portionen:
250 g luftgetrockneter durchwachsener Speck, in 3 cm lange und 0,5 cm breite Streifen geschnitten
1–2 EL Olivenöl
1 Zwiebel, gehackt
3 Knoblauchzehen, gehackt
6 Karotten, in 1 cm dicke Scheiben geschnitten
400 g grüne Le-Puy-Linsen oder braune Linsen
250 g Suppenwurst, in 1 cm dicke Scheiben geschnitten
1 TL Salz
2 frische Lorbeerblätter
3 Zweige und 1 EL fein gehackter frischer Thymian
1½ TL Pfeffer aus der Mühle

- In einem schweren Suppentopf den Speck auslassen.
- Öl dazugeben. Zwiebel und Knoblauch hinzufügen und in 3–4 Min. glasig dünsten.
- Karotten dazugeben und 1–2 Min. mitbraten.
- Linsen hinzufügen und gut umrühren, bis alles Gemüse glänzt.
- 1,5 l Wasser, Wurst, Salz, Lorbeer und Thymianzweige hinzufügen.
- Zum Kochen bringen, dann bei niedriger Temperatur und aufgelegtem Deckel ca. 30 Min. köcheln lassen.
- Prüfen, ob die Linsen gar sind, aber noch ihre Form beibehalten haben.
- Weitere ca. 30 Min. köcheln lassen, bis die Linsen die meiste noch vorhandene Flüssigkeit aufgenommen haben.
- Pfeffer und fein gehackten Thymian dazugeben und abschmecken.
- Auf vorgewärmten Tellern servieren.

Regionale Wurstspezialitäten an einem Marktstand

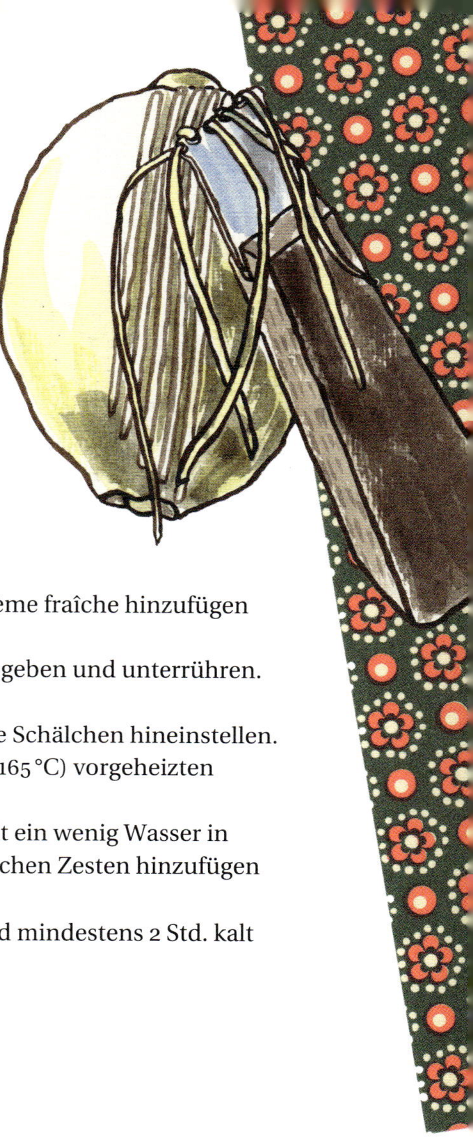

Crème au citron

Zitronencreme im Töpfchen

Zutaten für 4–6 Portionen:
5 Eigelb
130 g Puderzucker
300 g Crème fraîche
Zesten und Saft von 3 unbehandelten Zitronen

- Eigelb mit 100 g Puderzucker schaumig rühren. Crème fraîche hinzufügen und weiterschlagen.
- ⅔ der Zesten und den Zitronensaft zu der Eimasse geben und unterrühren.
- Die Creme in kleine, tiefe Schälchen füllen.
- Eine Auflaufform mit heißem Wasser füllen und die Schälchen hineinstellen.
- Die Form für ca. 30 Min. in den auf 185 °C (Umluft: 165 °C) vorgeheizten Backofen stellen.
- In der Zwischenzeit den restlichen Puderzucker mit ein wenig Wasser in einem kleinen Topf zum Kochen bringen, die restlichen Zesten hinzufügen und ca. 10 Min. köcheln lassen.
- Die Creme mit den gezuckerten Zesten belegen und mindestens 2 Std. kalt stellen.

Février

2

Februar

Lorsqu'une fois, une crêpe aterrit au plafond

Als einmal eine Crêpe an der Küchendecke landete

2

Zum Keller unseres Landhauses Le Piquet führt eine steinerne Außentreppe, an deren Fuß im Frühsommer wilde Erdbeeren wuchsen und auf deren Stufen oft Frösche hausten. Man musste aufpassen, nicht auf eine Erdbeere oder ein Mitglied der kleinen grünen Familie zu treten. Um an die Ernteschätze des Sommers zu gelangen, die hier im Kühlen lagerten, mussten wir den Keller ab und zu auch im Winter betreten. In Reih und Glied standen dort die Gläser mit Erdbeer-, Brombeer- und Johannisbeermarmelade, die Weckgläser mit Mirabellen- und Zwetschenkompott, die Flaschen mit Tomatencoulis und die eingelegten Cornichons. Im Laufe des Winters mit seinen unzähligen Festen und Einladungen wurden immer alle Vorräte verbraucht.

Manche kalten Tage des Februars waren so klar und schön, dass man am frühen Morgen durch die Sprossenfenster unseres Landhauses die Sonne tiefrot über den weißen Hügeln der Loire aufgehen sah. Dann gingen wir mit unserem *café au lait* und einem Croissant in der Hand nach draußen. Wie haben wir diese kleinen Frühstücks-Spaziergänge am Birnbaum und an den Haselnusssträuchern vorbei zur schönsten Ecke des Gartens geliebt! Die noch schwache Sonne kitzelte uns die Nase, und wir genossen den Augenblick. Paris und unser Alltag waren weit weg, und wir sehnten uns nicht nach unserer Stadtwohnung gegenüber dem Schloss von Saint-Germain-en-Laye.

Auch der Februar hielt ein traditionelles Fest für uns bereit: *la Chandeleur*. Sein Name geht auf das Wort *chandelle* (Kerze) zurück. Es war ursprünglich ein heidnisches Fest, bei dem die Sonne gefeiert wurde, die nach dem langen Winter endlich zurückkehrt. Sie wurde durch Crêpes symbolisiert, und die Bauern glaubten, ihr Weizen würde verderben, wenn sie am Tag dieses Lichterfestes keine Crêpes backen würden. Die Tradition wurde von den Römern übernommen, die mit den Kerzen ihrer Toten gedachten. Beim christlichen Fest Mariä Lichtmess, das daran anknüpfte, trug man bei Prozessionen der Jungfrau Maria geweihte Kerzen, die Unheil abwenden sollten, so wie es noch heute üblich ist.

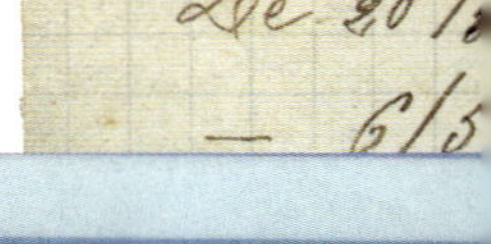

Das Flaschenregal im Keller unseres Landhauses

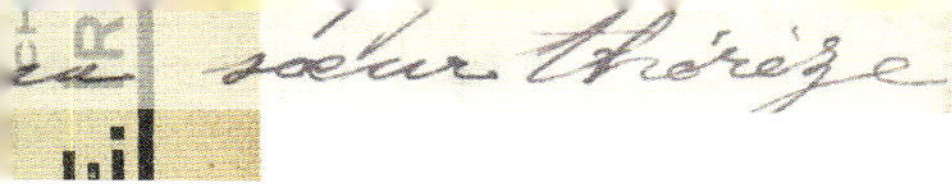

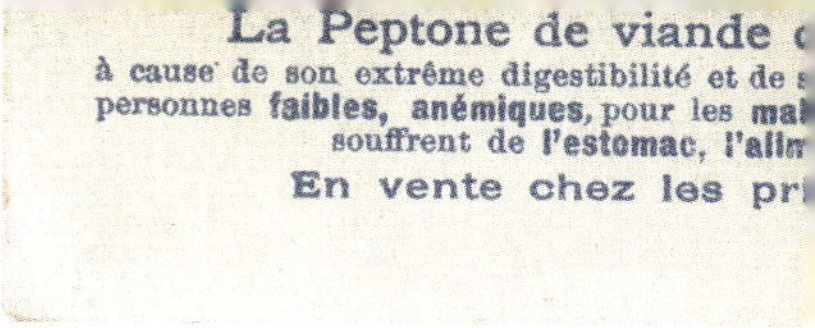

Traditionell werden die Crêpes am 2. Februar gebacken, doch wir nahmen es mit dem Datum nicht so genau, denn wir Kinder bekamen die dünnen Pfannkuchen oft zu essen. Beim Crêpes-Backen bei Mamie hielten wir immer die goldene Napoleon-Münze in der Hand, das Einzige, was die Spekulationen meiner Urgroßmutter an der Pariser Börse in den 1960er Jahren überstanden hatte. Es heißt, man darf auf Reichtum hoffen, wenn man die Crêpe mit einer Münze in der Hand wendet und sie wieder ordentlich in der Pfanne landet. Eines Tages beschloss mein Großvater, seine schon in der Pfanne mit Mamies leckerer Blaubeermarmelade zu bestreichen, und schwang die Pfanne so kraftvoll, dass die Crêpe an der Decke landete, dort kleben blieb und ihm schließlich auf den Kopf fiel. Wir kringelten uns vor Lachen. Die Küche mussten wir danach neu streichen.

Es gibt in Frankreich viele Bräuche, die sich um Crêpes drehen. In der Bretagne etwa müssen die Bräute eine Crêpe auf den Schrank in ihrem neuen Zuhause werfen. Das soll dafür sorgen, dass der Haussegen gewahrt bleibt. *Incroyable!*

»Dis-moi ce que tu manges, je te dirais qui tu es.«
Jean Anthelme Brillat-Savarin

Segonzac zu Zeiten meiner Urgroßeltern

Gerade Schulkind geworden

Cotriade charentaise

Muschel-Fischtopf nach Art der Charente

Zutaten für 6 Portionen:
4 Schalotten, gewürfelt
1 kg frische, fest geschlossene Miesmuscheln, in einer Schüssel mit frischem gesalzenem Wasser gesäubert (Wasser mehrfach wechseln)
150 ml Weißwein
150 ml weißer Pineau des Charentes
Butter zum Andünsten
800 g Kartoffeln, geschält und in Scheiben geschnitten
Salz, Pfeffer aus der Mühle
Sonnenblumenöl zum Anbraten
250 g Jakobsmuschel-Nüsschen
300 g Kabeljaufilet, in breite Streifen geschnitten
350 g Lachsfilet, in breite Streifen geschnitten
200 g Crème fraîche
1 EL geschnittener Schnittlauch

- Die Hälfte der Schalotten mit den Muscheln und dem Weißwein in einen Topf geben. Zum Kochen bringen, einmal umrühren. Bei aufgelegtem Deckel ca. 5 Min. bei starker Hitze dämpfen, bis die Muscheln sich öffnen, dabei den Topf mehrfach rütteln. Muscheln, die sich nicht geöffnet haben, wegwerfen.
- Topf vom Feuer nehmen. Muscheln von den Schalen befreien und den »Bart« vom Muschelfleisch abzupfen.
- Pineau zum Muschelsud geben und die Flüssigkeit unter leichtem Köcheln um ⅓ reduzieren.
- Butter in einem Topf zerlassen und die restlichen Schalotten darin andünsten.
- Kartoffeln in den Topf geben, salzen und mit dem Muschelsud begießen.
- Die Kartoffeln müssen knapp bedeckt sein. Zum Kochen bringen und bei aufgelegtem Deckel 10–15 Min. köcheln lassen.
- Öl in einer Pfanne erhitzen und die Jakobsmuschel-Nüsschen darin von beiden Seiten kurz anbraten.
- Fisch auf die Kartoffeln legen. Salzen und pfeffern. Ca. 3 Min. bei aufgelegtem Deckel weiterköcheln lassen.

- Crème fraîche, Muscheln und Jakobsmuschel-Nüsschen auf den Kartoffeln und dem Fisch verteilen und weitere ca. 3 Min. kochen. Umrühren. Die Crème fraîche muss sich gut mit den restlichen Zutaten vermischt haben.
- Mit Schnittlauch bestreuen und sofort servieren. Dazu passen ein grüner Salat oder überbackene Tomaten, die mit einer Mischung aus 100 g Crème double, 100 g Ziegenfrischkäse und 3 Eigelb gefüllt sind.

Alte Ruderboote an einer Flussmündung

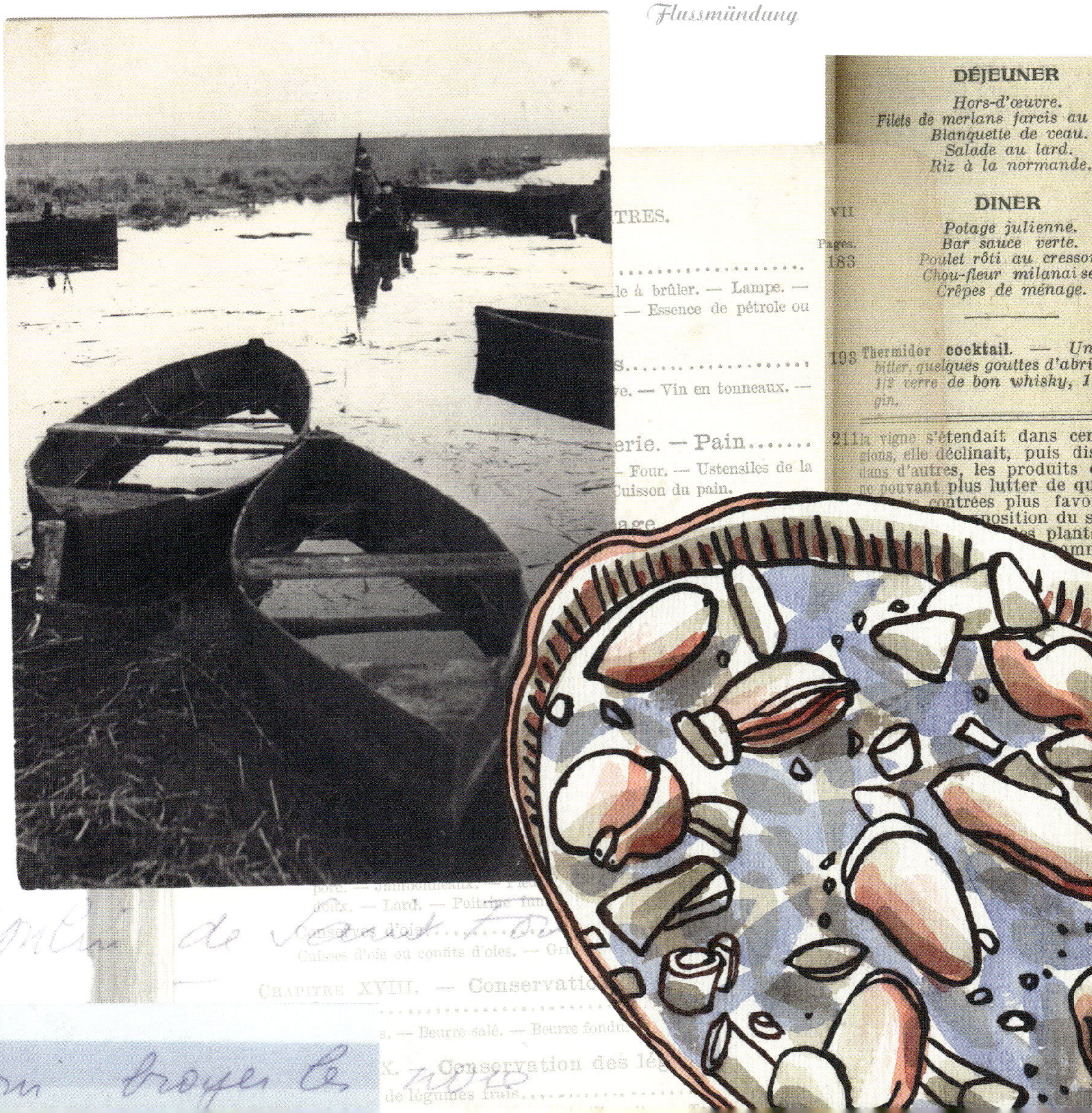

Cassoulet

Weiße-Bohnen-Eintopf mit Bratwürsten und Entenkeulen

Zutaten für 4 Portionen:
Olivenöl zum Anbraten
150 g geräucherter Bauchspeck, gewürfelt
800 g trockene weiße Bohnen,
12 Std. (über Nacht) eingeweicht
2 Zwiebeln, fein gehackt
1 Knoblauchzehe, fein gewürfelt
Salz, Pfeffer aus der Mühle
250 ml Geflügelbrühe
2 große Tomaten, enthäutet
1 Lauchstange, fein geschnitten
1 Bouquet garni (Kräutersträußchen, das als Ganzes beigegeben und vor dem Servieren entfernt wird, traditionell aus Petersilie, Thymian und Lorbeer, jeweilige Menge nach Geschmack)
1 kleiner Zweig Rosmarin
3 Salbeiblätter
2 Bratwürste
3 eingelegte Entenkeulen (z. B. Confit de canard aus der Dose)

- Öl in einem Schmortopf erhitzen. Speck, Bohnen, Zwiebeln und Knoblauch hineingeben, pfeffern und unter Rühren ca. 3 Min. anschwitzen.
- Brühe und so viel Wasser hinzufügen, dass sämtliche Zutaten bedeckt sind.
- Tomaten auspressen, den Saft in den Topf geben und das Fruchtfleisch in grobe Stücke schneiden. Lauch, Bouquet garni, Rosmarin und Salbei zugeben.
- Etwa 1 Std. köcheln lassen.
- Bouquet garni entfernen, die Bohnen mit Salz und Pfeffer abschmecken.
- Das Ganze in einen Tontopf füllen und in den auf 180 °C (Umluft: 160 °C) vorgeheizten Backofen stellen, bis sich eine goldgelbe Kruste gebildet hat.
- In der Zwischenzeit Öl in einer Pfanne erhitzen. Bratwürste darin braten, herausnehmen und beiseitestellen.
- In der Pfanne nun die Entenkeulen ohne Zugabe von Fett erhitzen. Sind die Keulen warm, Fett abgießen.
- Bratwürste und Entenkeulen auf die Bohnen geben und heiß servieren.

Le Piquet inmitten goldener Weizenfelder

Flan à la mode de Mamie

Flan nach Art meiner Großmutter

Meine Großmutter, Mamie, als junge Frau …

Zutaten für 1 Tarteform (26 cm Ø):
200 g Mehl
100 g Zucker
4 Eier
30 g Butter, zerlassen, und Butter für die Form
Mark von 1 Vanilleschote
1 l Milch

- Mehl in eine Schüssel geben und eine Mulde hineindrücken.
- Zucker, Eier und Butter in die Mulde geben und alles vermischen.
- Vanille in die kalte Milch rühren, zu der Mischung geben und alles zu einem glatten Teig verrühren.
- Teig in die gefettete Form gießen und im vorgeheizten Backofen bei 250 °C (Umluft: 230 °C) ca. 45 Min. backen.
- Etwas abkühlen lassen, stürzen und kalt servieren.

… und bei ihrer Kommunion

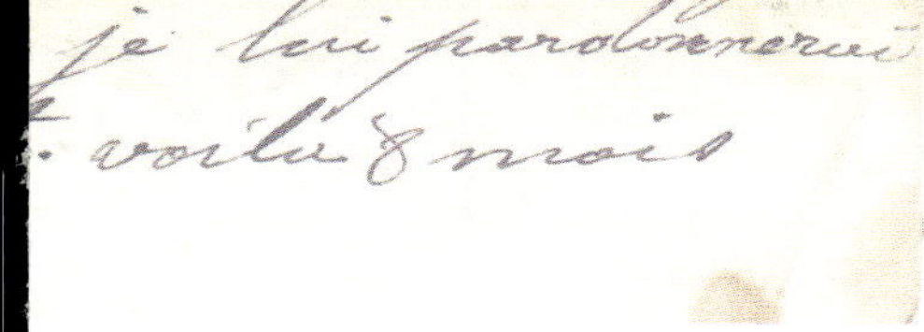

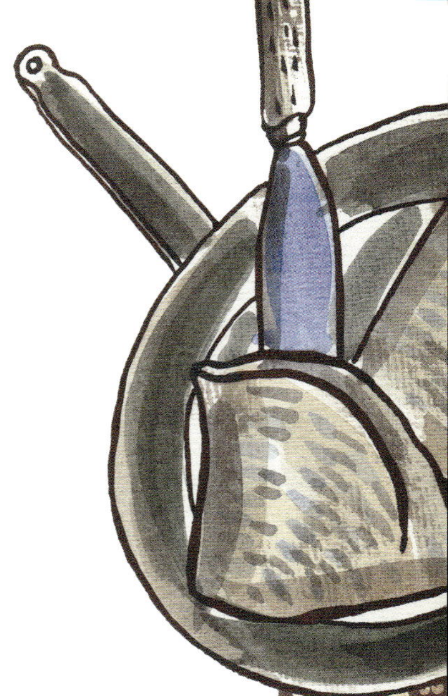

Crêpes au chocolat

Schokoladencrêpes

Zutaten für 3 Portionen:
5 Eier
125 g Mehl
80 g Kakaopulver
100 g Puderzucker
500 ml Milch
75 g Crème fraîche
75 g Butter, zerlassen, und Butter zum Backen

- Eier schaumig rühren.
- Mehl, Kakao und Puderzucker in einer Schüssel vermischen und mit der Eimasse verrühren.
- Milch, Crème fraîche und Butter hinzufügen und alles zu einem glatten Teig verrühren.
- 1½ Std. ruhen lassen. Falls der Teig danach zu schwer erscheint, noch etwas Milch zugeben.
- Butter in einer schweren gusseisernen Pfanne zerlassen.
- Eine kleine Kelle voll Teig in die Pfanne gießen. Von beiden Seiten backen.

Mars

März

Monsieur Poussin, l'épicier du village

»Monsieur Küken«, der Dorfkrämer

Ihre Gartentipps bekam meine Mutter vom Krämer des Dorfes, zu dem unser Landhaus gehört. Er hieß Monsieur Poussin – »Herr Küken«. In seinem Laden konnte man neben Benzin auch Schrauben und Nägel, Kannen jeder Art, Schnellkochtöpfe, Gummibänder, Wolle, Schulhefte, Postkarten und Kaugummis kaufen. Es gab fast nichts, was es bei ihm nicht gab. Verreiste der Dorfbäcker im Sommer ausnahmsweise für ein paar Tage, so beschaffte Monsieur Poussin täglich frisches Baguette aus dem Nachbardorf. Er konnte auch Autos und Mofas reparieren und Karten für den nächsten *bal musette* reservieren. Und eben nützliche Gartentipps geben. War der Kirsch- oder der Mirabellenbaum in unserem Garten krank, so konnte er chemikalienfreie Hausmittel dagegen empfehlen.

Monsieur Poussin kannte auch die Stellen, an denen die Weiden und Haselnusssträucher wuchsen, deren Äste er mit seinem Korbmachermesser vorsichtig schnitt. Er war einer der wenigen, die noch die alte Kunst des Korbmachens beherrschten. Den Bemühungen der einzigen Korbmacherschule Frankreichs in der Haut-Marne zum Trotz stirbt dieses Handwerk langsam aus. Monsieur Poussin flocht seine ovalen Körbe und die runden, mit Stoff gefütterten fürs häusliche Brotbacken nur für den Hausgebrauch, er verkaufte sie nicht. Da sie unverwüstlich waren, stellte er nur einen oder zwei im Jahr her.

Unser Dorfkrämer bezog auch für alle im Dorf gute Bressehühner aus der Gegend nordöstlich von Lyon, wohin der Sohn von Freunden gezogen war, um sich dort als einer von knapp vierhundert Bressehuhnzüchtern niederzulassen. Seit dem 15. Jahrhundert ist diese besondere Hühnerzucht bekannt, verteilt auf drei Departements – Ain, Saône-et-Loire und Jura –, und uns Franzosen eine eigene Herkunftsbezeichnung wert. Blaue Füße, weißes Gefieder und roter Kamm: Man könnte meinen, die Hühner trügen stolz die französischen Nationalfarben!

Mit Monsieur Poussins Weidenzweigen wurden auch Stühle ausgebessert …

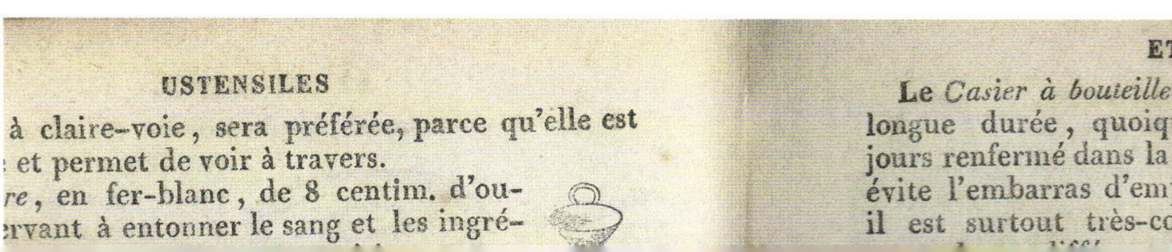
USTENSILES

à claire-voie, sera préférée, parce qu'elle est
et permet de voir à travers.
re, en fer-blanc, de 8 centim. d'ou-
ervant à entonner le sang et les ingré-

Le *Casier à bouteille*
longue durée, quoiq
jours renfermé dans la
évite l'embarras d'em
il est surtout très-co

Meinem Vater und auch Monsieur Poussin gefiel, dass das Bressehuhn ein Freilandhuhn ist, das mit regional angebautem Mais oder Weizen gefüttert wird. Und da Brillat-Savarin das Huhn aus der Region Bresse schon 1825 in den ersten Rang erhoben hatte – es sei *la reine des volailles et volaille des rois* – war zumindest für meinen Vater, der den berühmten Gastronomen sehr schätzte, alles gesagt. Das Bressehuhn ist insofern »typisch französisch«, als nur fünf Prozent der Hühner exportiert werden. Am Verbrauch der restlichen 95 Prozent hat mein Vater sicher Zeit seines Lebens einen großen Anteil gehabt …

Angesichts dieser und anderer besonderer Geflügelarten verwundert es nicht, dass neben Eiffelturm, Champs-Elysées, Baguette und vielleicht noch Champagner ein stolzer Hahn zu einem der Wahrzeichen Frankreichs geworden ist. Immerhin duldete ihn sogar ein König wie Ludwig XIV. neben seiner Sonne, und die Französische Revolution feierte ihn, weil er vom Land kam, also aus dem Volk. *Cocorico!*

»Les plats se lisent et les livres se mangent.«
Marcel Proust

Pot-au-feu de Poulet de Bresse

Bressehuhntopf

Ein Korbmacher bei der Arbeit

Zutaten für 6 Portionen:
1 EL Gänsefett
1 Bressehuhn, ca. 1,5 kg, grob zerteilt
150 g flüssiger Honig
1,5 kg Karotten, grob gestiftet
3 Zwiebeln, geviertelt
1 kg Teltower Rübchen, geviertelt
2 Lauchstangen, in breite Ringe geschnitten
2 Zweige Selleriekraut
Zehen von 1 ganzen Knoblauchknolle, geschält
1 unbehandelte Orange, mit 2 Nelken gespickt
80 g frischer Ingwer
1 Sternanisfrucht, ganz
1 Bund Koriandergrün und Blätter von 1 frischen Korianderzweig, fein gehackt
1 Bouquet garni (s. S. 26)
Salz
10 Pfefferkörner
Butter zum Anbraten
3 Äpfel, geschält und gewürfelt
3 Birnen, geschält und gestiftet
4 eingelegte Pfirsiche, geviertelt

- Gänsefett in einem großen Topf erhitzen. Fleisch darin von allen Seiten ca. 10 Min. golden anbraten.
- Honig auf einen Teller geben, Fleisch darin wälzen. 1 Std. darin liegen lassen.
- In einen großen Schmortopf alles Gemüse, die Orange, die Hälfte des Ingwers, den Sternanis, das Korianderbund und das Bouquet garni geben. 2 l Wasser hinzufügen und 1 Std. schmoren lassen.
- In Honig eingelegtes Fleisch hinzufügen. Salz und Pfeffer hinzufügen und weitere 1½ Std. schmoren lassen. Ab und zu umrühren.
- Gemüse und Fleisch beiseitestellen und den entstandenen Bratensaft abseihen.

- Bratensaft bei geringer Hitze einkochen, restlichen Ingwer hinzufügen und abschmecken.
- Butter in einer gusseisernen Pfanne zerlassen. Obst darin golden anbraten.
- In eine tiefe Form Fleisch, Gemüse, Obst und Bratensaft geben. Mit dem gehackten Koriander bestreuen.

Tipp
Wer möchte, kann den *pot-au-feu* auch mit Kapaun oder Ente zubereiten. Und wer das Gericht für mehr Gäste zubereiten möchte, fügt einfach gekochte Kartoffeln hinzu.

Estouffade de bœuf avec pommes de terre macaire

Rindsragout in Rotwein mit Kartoffelplätzchen

Ragout

Zutaten für 4 Portionen:

50 g Butter zum Anbraten
2 EL Oliven- oder Sonnenblumenöl
1 kg Suppenfleisch vom Rind, in mundgerechten Stücken
2 Zwiebeln, geschält und halbiert
3 Knoblauchzehen, zerdrückt
10 Karotten, geschält, davon zwei in grobe Stücke, die restlichen in dünne Scheiben geschnitten
2 Selleriestangen, in 4–5 cm lange Stücke geschnitten
3 EL Mehl
1,5 l trockener Rotwein
1 Bouquet garni (s. S. 26)
Salz, Pfeffer aus der Mühle
1 EL Tomatenmark

- Butter und Öl in einem Schmortopf erhitzen. Fleisch hinzufügen und anbraten.
- Zwiebeln, Knoblauch, grob geschnittene Karotten und Sellerie hinzufügen und 4–5 Min. braten.
- Mit Mehl bestäuben und kräftig umrühren. Wein angießen und gut umrühren, damit sich keine Klümpchen bilden.
- Bouquet garni, Salz, Pfeffer und Tomatenmark hinzufügen.
- Bei aufgelegtem Deckel ca. 2 Std. bei geringer Hitze köcheln lassen. Ab und zu umrühren und ggf. etwas Wasser hinzufügen.
- Dünne Karottenscheiben hinzufügen und nochmal ca. 30 Min. köcheln lassen. Abschmecken.

Kartoffelplätzchen

Zutaten für 4 Portionen:
1 kg Kartoffeln, geschält
140 g Butter
Salz, Pfeffer aus der Mühle
1 Prise frisch geriebene Muskatnuss
Öl zum Braten

- Kartoffeln ca. 20 Min. in Salzwasser garen.
- Kartoffeln abtropfen lassen und stampfen, solange sie noch warm sind.
- Butter unter die noch heiße Masse rühren. Mit Salz, Pfeffer und Muskat abschmecken.
- Öl in einer gusseisernen Pfanne erhitzen. Masse portionsweise 3 cm dick darin verstreichen und von beiden Seiten goldgelb braten.

Monsieur und Madame Poussin beim Aperitif in unserem Garten

Jambon campagnard à la poêle avec pain frotté à l'ail

Gebratener Landschinken mit Knoblauchbaguette

Schinken

Zutaten für 4 Portionen:

4 Scheiben Landschinken, je ca. 2 cm dick
500 ml Milch
Öl und Butter zum Anbraten
200 g Schalotten, gewürfelt
200 g Zwiebeln, gewürfelt
500 ml Pineau des Charentes rosé

- Schinkenscheiben halbieren und über Nacht in Milch einlegen. Abtropfen lassen.
- Öl in einer Pfanne erhitzen. Schalotten und Zwiebeln darin andünsten.
- Mit Pineau ablöschen. Sauce bei geringer Hitze einkochen.
- Etwas Öl und Butter in einer anderen Pfanne erhitzen, Schinken darin anbraten und unter Schwenken erhitzen.
- Schinken auf vorgewärmte Teller legen und Sauce darüberträufeln. Heiß servieren.

Knoblauchbaguette

Zutaten für 4 Portionen:

8 dicke Scheiben Baguette oder Landbrot
4 Knoblauchzehen, zerdrückt
Olivenöl zum Beträufeln
Salz, Pfeffer aus der Mühle

- Brot rösten.
- Knoblauch daraufstreichen und mit Öl beträufeln. Ggf. salzen und pfeffern.

Soufflé à la vanille

Vanillesoufflé

Monsieur Poussin

Zutaten für 1 Souffléform (24 cm Ø; 4 Portionen):
400 ml Milch
100 g Zucker
Mark von 2 Vanilleschoten
50 g Mehl
100 g Butter, in kleine Stücke geschnitten
5 Eier, getrennt
Butter für die Form

- Milch, Zucker und Vanille aufkochen lassen.
- Mehl hinzufügen und kräftig rühren, damit sich keine Klümpchen bilden.
- Butter nach und nach hinzufügen, weiterrühren. Falls die Masse zu schwer erscheint, weitere Milch hinzufügen.
- Eigelb unterrühren. Erkalten lassen.
- Eiweiß steifschlagen und vorsichtig unterheben. Masse in die gefettete Form füllen.
- Im vorgeheizten Backofen bei 180 °C (Umluft: 160 °C) ca. 35 Min. backen.
- Sofort servieren. Dazu passen selbst eingelegte Pfirsiche oder Pflaumen oder frische Früchte, z. B. Mangos.

Avril

April

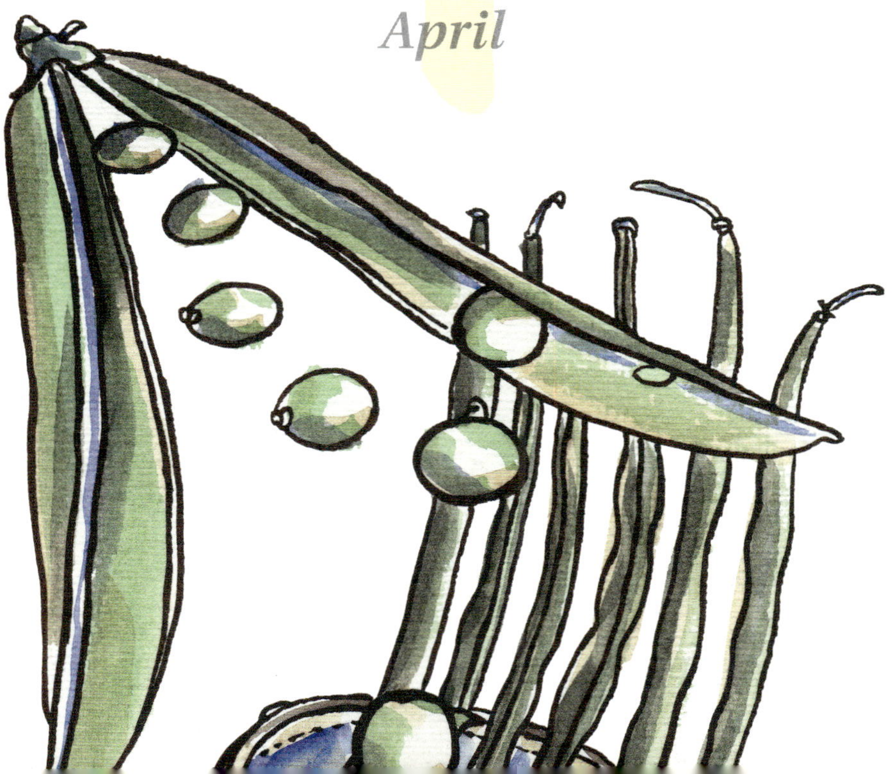

Pâques à la campagne ou bonheur à la française

Ostern auf dem Land oder Glück nach französischer Art

Der April bescherte uns regelmäßig einen Wechsel von sehr schönen warmen und kalten Tagen. Das Gras war sattgrün, aber noch feucht. Die Wälder rochen schon nach Frühling, waren zum großen Teil aber noch kahl. Der Bauer pflügte mit seinem roten Traktor laut knatternd die Felder, und meine Mutter pflanzte ihre einjährigen Kräuter.

Unser Garten war nach dem Winter noch halbverwildert, und eigentlich wäre viel zu tun gewesen. Doch beim ersten Sonnenstrahl säuberten wir rasch die Gartenmöbel und stellten spontan ein paar Möbel aus dem Haus dazu – Stühle mit geflochtenen Lehnen oder Toile-de-Jouy-Bezügen, einen alten Tisch und kleine Louis-XVI.-Kommoden als Ablagen für die Speisen. Malerisch! Dann legten wir eine geblümte oder rot karierte Tischdecke auf und erfreuten uns an einem leckeren Frühlingseintopf mit Lamm und jungem Buttergemüse oder einem rustikalen *tournedos aux champignons*. Gegen die leichte Brise wickelten wir uns in Decken und konnten so zum ersten Mal draußen essen, mit Blick auf die wunderbare weite Hügellandschaft. Der Loire-Himmel war tiefblau, und kleine weiße Schäfchenwolken zogen vorbei. Wir lagen in unseren Stühlen, genossen die Stille, die nur von Vogelgezwitscher unterbrochen wurde, und blickten satt und zufrieden in die Ferne. So innezuhalten und einfach im Hier und Jetzt zu sein, das war Glück *à la française*.

Wir Kinder freuten uns im April auf die Rückkehr der Kirchenglocken, nicht wie die Kinder anderswo, die sich auf den Osterhasen freuen. Uns wurde die Geschichte von den Glocken erzählt, die von *jeudi saint* (Gründonnerstag) bis Karsamstag nicht läuten, weil sie nach Rom geflogen sind. Bei ihrer Rückkehr verteilen sie im ganzen Land Eier und Schokolade. In Erinnerung an diese Legende werden viele österliche Schokoladenkreationen in Glockenform hergestellt. Die Eier wiederum sind wie überall Symbole der Geburt und des Neubeginns.

Zu Ostern kamen alle zu einem großen Familienfest mit stundenlangem Essen an langen Tischen zusammen. Es gab das auf dem Land übliche *gigot*

Eine typisch französische Ostergrußkarte

d'agneau. Die einfachen Leute aßen früher statt der Lammkeulen Osteromelette. Unbedingt aber gehörten die *quenelles de poisson* dazu, eine Spezialität aus Lyon, die man in Frankreich inzwischen überall kennt. Diese etwa zehn mal drei Zentimeter großen Fischklößchen werden immer mit einer leckeren Sauce und oft gratiniert serviert. Ostern auf dem Land: *Un délice!*

Gedeckte Tafel im Garten unseres Landhauses

»Je vis de bonne soupe, et non de beau langage.«
Molière

Quenelles de poisson avec sauce aux crevettes

Fischklößchen mit Garnelensauce

Klößchen

Zutaten für 4 Portionen:

500 g Fischfilet, z. B. Hecht, gut enthäutet und entgrätet
250 g Butter
200 g weiches Brot, in Milch eingelegt
4 Eier
Salz, Pfeffer aus der Mühle
Mehl zum Wälzen

- Fisch mit einer Gabel zerdrücken, Butter und Brot hinzufügen und alles zu einem homogenen Teig verkneten.
- Eier einzeln hinzufügen.
- Salzen und pfeffern und einige Std. ruhen lassen.
- Aus dem Teig fingerförmige Klößchen formen.
- In Mehl wälzen und ca. 10 Min. in kochendem Wasser garen. Gut abtropfen lassen.
- Zusammen mit der Garnelensauce heiß servieren. Dazu passen jede Art Teigwaren, Kartoffeln und einige Gemüsesorten wie z. B. Lauch.

Garnelensauce

Zutaten für 4 Portionen:

90 g Garnelen, geschält, ein paar ganze zum Garnieren beiseitestellen
120 g Butter
100 g Mehl
1 l Milch
150 ml Fischfond
Salz, Pfeffer aus der Mühle

- Garnelen mit einer Gabel zerdrücken und mit ⅔ der Butter vermischen.
- Garnelenbutter im Wasserbad schmelzen. Dafür einen Topf wählen, auf den die Metallschüssel passt. Den Topf ein paar Zentimeter hoch mit Wasser füllen (das Wasser soll die Schüssel nicht berühren und darf nicht wärmer als 40 °C werden) und die Schüssel mit den Zutaten auf den Topfrand setzen.

- Garnelenbutter durch ein grobes Sieb streichen. Es dürfen ruhig noch Garnelenstückchen dabei sein. Garnelenbutter in einem flachen Gefäß abkühlen lassen.
- Restliche Butter in einem Topf zerlassen, Mehl auf einmal hinzufügen und unter Rühren anschwitzen.
- Milch und Fischfond nach und nach unter kräftigem Schlagen mit einem Schneebesen hinzufügen und aufkochen lassen.
- Ca. 10 Min. köcheln lassen, immer wieder umrühren und die abgekühlte Garnelenbutter dazugeben. Die Hitze verringern, damit die Sauce ihre sahnige Konsistenz behält. Salzen und pfeffern.

Tipp
Wer mag, kann die Sauce zum Schluss noch mit einem Schuss Cognac verfeinern. Bleiben von den Klößchen Reste übrig, kann man sie einfrieren oder in Scheiben schneiden, die man goldgelb anbrät und auf einem grünen Salat mit einer Vinaigrette anrichtet.

Der Quittenbaum in unserem Bauerngarten in voller Blüte

Potée printanière à l'agneau et aux jeunes légumes

Frühlingseintopf mit Lamm und jungem Buttergemüse

Zutaten für 4 Portionen:
8 kleine junge Steckrüben, geputzt, das Grün bis auf 1 cm entfernt
1 kg frische dicke Bohnen, enthülst
500 g frische grüne Erbsen, enthülst
12 Stangen junger Spargel, geputzt, die holzigen Enden abgeschnitten
3 EL Butter zum Anbraten
500 g Lendenkotelett vom Lamm ohne Fettrand, in 2–3 cm dicke Würfel geschnitten
1 EL Mehl
½ TL Salz
1 TL Pfeffer aus der Mühle
120 ml trockener Weißwein
380 ml Geflügel- oder Gemüsefond
12–14 kleine Frühkartoffeln, geputzt und ungeschält
14–16 junge Karotten, geschabt
6 Stangen junger Lauch, davon 5 in 5 cm lange Stücke und 1 fein geschnitten
2 EL fein geschnittener Schnittlauch
1 EL fein gehackte glatte Petersilie

- Steckrüben in einem Dämpfeinsatz über einen Topf mit kochendem Wasser setzen und bei aufgelegtem Deckel in 8–10 Min. gardämpfen. Kochwasser in einen anderen Topf abgießen, Steckrüben beiseitestellen.
- Kochwasser nochmals zum Kochen bringen und Bohnen für ca. 1 Min. hineingeben. Abgießen und die etwas abgekühlten Bohnen enthäuten.
- Bohnen, Erbsen und Spargel in einem Dämpfeinsatz über einem Topf mit kochendem Wasser in 6–7 Min. gardämpfen. Herausnehmen und beiseitestellen.
- Butter in einer schweren Kasserolle bei mittlerer Temperatur zerlassen.
- Sobald sie schäumt, Fleisch hineingeben und unter Wenden 5–6 Min. braten, bis es von allen Seiten gebräunt ist.
- Fleisch mit Mehl bestäuben, salzen und pfeffern und unter häufigem Rühren noch 3–4 Min. braten, bis das Mehl eine kräftig braune Farbe angenommen hat.

- Temperatur heraufschalten, Fleisch mit Wein ablöschen und den Bratensatz mit einem Holzlöffel abschaben.
- Etwa die Hälfte des Fonds angießen und rühren, bis sich der Bratensatz gelöst hat. Dann den restlichen Fond und Kartoffeln hinzufügen.
- Bei mittlerer Temperatur ca. 10 Min. köcheln lassen.
- Karotten und gesamten Lauch dazugeben. Bei aufgelegtem Deckel weitere ca. 10 Min. köcheln lassen.
- Steckrüben, Bohnen, Erbsen und Spargel hinzufügen und vorsichtig rühren.
- Noch weitere ca. 2 Min. bei aufgelegtem Deckel köcheln lassen.
- Abschmecken. Je 1 TL Schnittlauch und Petersilie unterrühren, den Rest vor dem Servieren über den Eintopf streuen.

Tipp
Soll der Eintopf etwas dicker werden, nehmen Sie eine Kartoffel heraus, und pürieren Sie sie, um sie später unterzuheben.

Omelette aux oignons

Zwiebelomelette

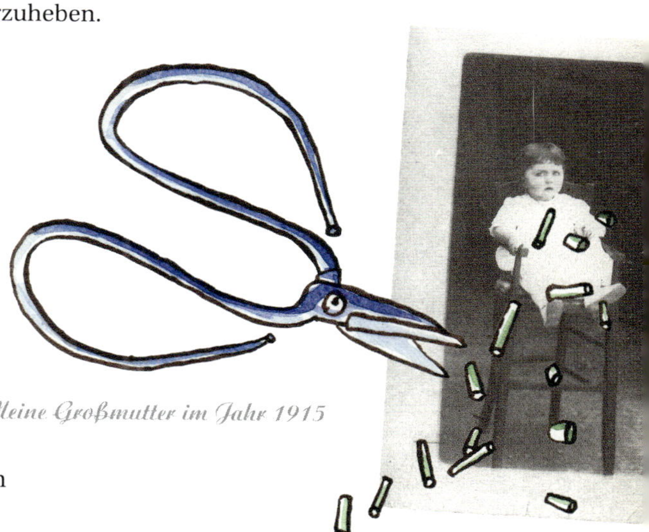

Meine Großmutter im Jahr 1915

Zutaten für 4–6 Portionen:
Olivenöl zum Anbraten
5–6 Zwiebeln, fein gehackt
10 Eier
Salz, Pfeffer aus der Mühle
Schnittlauchröllchen zum Bestreuen

- Öl in einer gusseisernen Pfanne erhitzen.
- Zwiebeln darin bei aufgelegtem Deckel ein paar Min. anbraten. Zum Schluss ohne Deckel anbräunen lassen.
- Eier mit Salz und Pfeffer in einer Schüssel schaumig schlagen. Zwiebeln hinzufügen.
- Masse in der Pfanne braten. Mit Schnittlauchröllchen bestreuen und heiß servieren.

Tournedos aux champignons au Pineau

Rinderfilet mit Pineau-Champignons

Zutaten für 4 Portionen:
8 Scheiben Rinderfilet
10 cl Cognac
Öl und Butter zum Anbraten
150 g braune Champignons, in dünne Scheiben geschnitten
5 kleine Schalotten, fein gehackt
2 kleine Zwiebeln, fein gehackt
150 ml Pineau des Charentes
150 ml Brühe
3 EL Tomatenmark
Salz
4 EL fein gehackte glatte Petersilie

- Fleisch in eine flache Schüssel legen und mit dem Cognac begießen. 1 Std. ruhen lassen und ab und zu wenden.
- Öl in einer Pfanne erhitzen. Champignons ca. 10 Min. darin anbraten.
- Schalotten und Zwiebeln hinzufügen.
- Pineau und Brühe hinzufügen und umrühren.
- Tomatenmark, Salz und Petersilie hinzufügen und die Flüssigkeit unter Rühren auf die Hälfte reduzieren.
- In der Zwischenzeit das Fleisch abtropfen lassen und den Cognac auffangen.
- Fleisch in einer mit Butter und Öl bepinselten gusseisernen Pfanne anbraten. Herausnehmen und kurz warmstellen.
- Bratensatz mit dem beiseitegestellten Cognac ablöschen. Flüssigkeit zu der Champignonsauce geben und diese nochmals erhitzen.
- Sobald sie heiß ist, Sauce auf das Fleisch gießen und servieren. Dazu passen Kartoffeln in jeder Form: Ofenkartoffeln, Pommes frites oder Salzkartoffeln.

Mit knapp sieben

Crème au chocolat à la mode de Mamie

Schokoladendessert nach Art meiner Großmutter

Zutaten für 6 Portionen:
100 g Sahne
400 ml Milch
½ Vanilleschote, längs aufgeschlitzt
5 Eigelb
80 g Puderzucker
200 g feine dunkle Schokolade, kleingehackt

- In einem kleinen Topf Sahne, Milch und Vanilleschote zum Kochen bringen.
- Vom Feuer nehmen und ca. 3 Min. ziehen lassen.
- In einer Schüssel Eigelb und Puderzucker so lange schlagen, bis eine geschmeidige, glatte Masse entstanden ist.
- Vanilleschote aus der Milch nehmen und diese unter Rühren nach und nach zu der Eimasse geben.
- Creme in einem Topf bei geringer Hitze unter Rühren eindicken lassen. Nicht kochen.
- Creme in eine kalte Schüssel füllen.
- Schokolade in einer Metallschüssel im heißen Wasserbad schmelzen (s. S. 44), alternativ in der Mikrowelle.
- Schokolade zu der Creme geben und unterrühren. Schokoladencreme im Kühlschrank aufbewahren.

Meine Großmutter mit meinem Vater auf dem Arm und Nichten und Neffen

Meine Eltern in den 1960er Jahren

Mai

Mai

Pique-nique au bord du lac

Zum Picknick an den See

Noch heute sehe ich uns Kinder jedes Jahr am Ersten Mai an Straßen oder auf Märkten kleine, weiß-grüne, frisch und süß duftende Büschel verkaufen. Schon Tage vorher hatten wir den perfekten Ort ausgesucht, Tisch und Klappstühle aus dem Schuppen geholt und wie zahllose andere die Gegend nach Maiglöckchen abgesucht, um sie am Morgen des Ersten Mai zu kleinen Sträußen zu binden. Das französische Gesetz sagt nichts Eindeutiges dazu aus, und die blau gekleideten *gendarmes* drücken in der Regel ein Auge zu: An diesem Tag darf in Frankreich jeder Maiglöckchen verkaufen, ohne seinen Stand offiziell anmelden und Steuern zahlen zu müssen.

Schließlich bringen die weißen Glöckchen am Ersten Mai Glück! Apollo erfand sie als weichen Teppich für die zarten Füße der neun Musen. Für die französische Tradition aber ist nicht er, sondern Karl IX. verantwortlich – er schenkte am 1. Mai 1560 seiner Liebsten ein *bouquet de muguets*. Aus dieser Zeit stammt denn auch das davon abgeleitete Verb *mugueter* (den Hof machen, verführen), eine unter meinen Landsleuten weit verbreitete Beschäftigung …

Im Mai machten wir auch unsere ersten Picknicks an einem der nahen Seen. Dort breiteten wir unsere karierten Decken aus, rannten ausgelassen zum Wasser und hielten unsere Füße ins kühle Nass. Der Abgeschiedenheit und Stille wegen bevorzugten meine Eltern allerdings den Wald in der Nähe unseres Landhauses. Waren meine Großeltern dabei, so fuhren wir mit unserem alten weißen Käfer mit offenem Verdeck bis zu einer Lichtung und klappten dort die Stühle und den Tisch auf.

Zu einem typischen Picknick gehörten verschiedene *crudités* (Gemüse-Rohkost), Senfeier, belegte Baguettes, Quiche Lorraine, Ententerrinen und Pasteten, Schinken, Käse, gerollte Schokoladencrêpes, Kuchen, Tartes und das feine Rhabarberkompott meiner Mutter sowie weitere Leckereien. Fehlen durfte dabei auch nicht die Butter von Madame Marie. Die kleine, bucklige, fast zahnlose alte Milchbäuerin kam immer in Gummistiefeln mit ihrem

ratternden Mofa zu unserem Landhaus gefahren, um uns ihre feine Butter zu verkaufen. Sie verzierte sie mit einem schönen Blumenmuster und verpackte sie in weißes Papier.

Milch holten wir frisch in Zinkkannen bei Monsieur und Madame Soulard, ebenfalls Milchbauern, die in der runden Dorfmühle wohnten und zu denen wir immer gegen sechs Uhr abends mit dem Fahrrad fuhren in der Hoffnung, beim Melken ihrer braun-weißen Kühe mithelfen zu dürfen. Die Soulards wirtschafteten für den Eigenbedarf und verkauften nur an Nachbarn. Ihre ausgezeichnete Sahne verwendete mein Vater gerne für seine leckere Saint-Honoré-Torte, die mit Vanillecreme gefüllt und oben am Rand mit karamellisierten kleinen Windbeuteln besetzt ist. Benannt wurde sie nach dem heiligen Honorius von Amiens, dem Bischof von Amiens und Schutzpatron der Bäcker, dessen Namenstag im Mai liegt. *Vive les boulangers!*

Meine Mutter in unserem alten Käfer

Mein Vater beim Picknick am Seeufer

Ruhe und Abgeschiedenheit im Grünen

»De toutes les passions, la seule vraiment respectable
me paraît être la gourmandise.«
Guy de Maupassant

Salade d'asperges sauvages

Wilder-Spargel-Salat

Vinaigrette

½ EL Salz
1 EL Essig
1 EL Senf
4 EL Öl
frische Kräuter, fein gehackt
1 Schalotte, fein gehackt
Pfeffer aus der Mühle

- Salz in Essig auflösen.
- Restliche Zutaten unterrühren.

Salat

Zutaten für 3 Portionen:
600 g wilder Spargel oder sehr kleiner grüner Zuchtspargel, geschält und in 3 cm große Stücke geschnitten
2 Eier, hartgekocht und geschält

- In einem Topf gesalzenes Wasser zum Kochen bringen und Spargel hineingeben. Wilden Spargel ca. 1 Min., Zuchtspargel ca. 2 Min. kochen.
- Abschütten und abschrecken, damit der Spargel grün bleibt.
- Spargel auf einer Platte anrichten und mit der Vinaigrette beträufeln.
- Eier durch ein Haarsieb streichen und den Salat damit garnieren.

Tipp
Die Vinaigrette ist die beliebteste Sauce Frankreichs. Sie passt zu Salat und gegartem Gemüse, lässt sich im Voraus zubereiten und hält sich im Kühlschrank 8–10 Tage. Zu Huhn oder Fisch empfiehlt sich folgende Variante: das Öl durch 3 EL Tomatenmark, das mit Essig verrührt wurde, ersetzen.

Aiglefin à la crème

Schellfisch in Sahnesauce

Zutaten für 4 Portionen:
500 ml Milch
1 unbehandelte Zitrone, in Scheiben geschnitten
8–10 Schellfischfilets
Öl zum Bestreichen
200 ml Weißwein
500 g Crème fraîche
Salz, Pfeffer aus der Mühle
80 g Butter, in Flöckchen

- In einem großen Topf 1,5 l Wasser mit Milch und Zitrone zum Kochen bringen.
- Fisch hineingeben und ca. 5 Min. kochen.
- Fisch aus dem Topf nehmen, trockentupfen und mit Öl bestreichen. Flüssigkeit aufheben.
- Fisch von beiden Seiten 5–8 Min. anbraten. Beiseitestellen.
- Wein und 250 ml des Fischsuds zum Kochen bringen und auf ¾ der Menge einkochen.
- Crème fraîche unterrühren und bei schwacher Hitze nochmals auf die Hälfte reduzieren. Mit Salz und Pfeffer abschmecken.
- Butterflöckchen nach und nach unter ständigem Schlagen in die heiße Sauce geben.
- Fisch kurz vor dem Servieren mit der Sauce übergießen. Dazu passt Reis.

Tipp
Wer mag, kann die Sauce mit angedünsteten Champignons oder Shrimps anreichern.

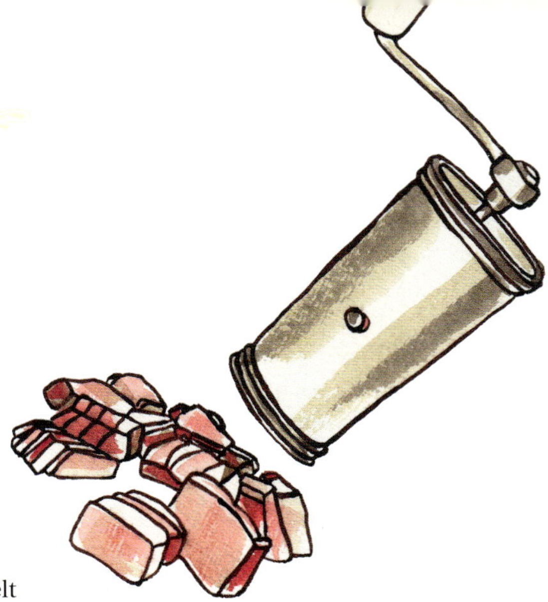

Veau jardinière

Kalbstopf mit Frühgemüse

Zutaten für 4 Portionen:
40 g Butter
40 g Zwiebeln, gewürfelt
100 g Speck, gewürfelt
800 g Kalbfleisch
100 ml Gemüsebrühe
250 g junge Karotten, geschält und geviertelt
350 g Frühkartoffeln, geschält und geviertelt
350 g junge Erbsen
Salz, Pfeffer aus der Mühle
250 g grüne Bohnen

- Butter in einem Schmortopf zerlassen. Zwiebeln und Speck darin goldgelb anbraten.
- Fleisch von allen Seiten anbraten, mit der Brühe begießen und 1½ Std. bei aufgelegtem Deckel köcheln lassen. Fleisch ab und zu wenden.
- Karotten, Kartoffeln und Erbsen hinzufügen und 1½ Std. bei aufgelegtem Deckel mitköcheln lassen.
- Salzen und pfeffern.
- In der Zwischenzeit Bohnen in Salzwasser garen.
- Bohnen hinzugeben und das Gericht im Topf servieren.

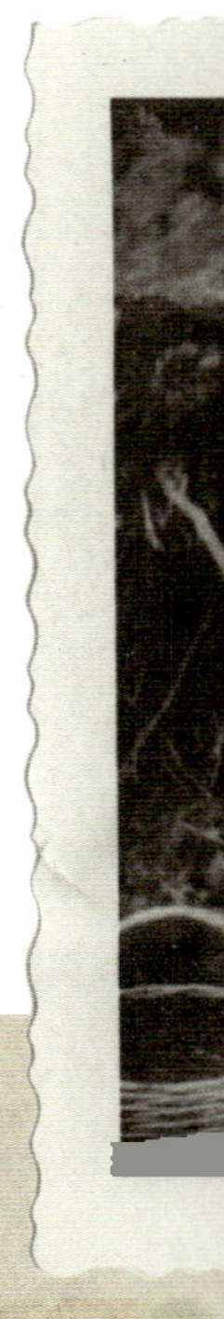

Jean-Luc, nur wenig größer als der Picknick-Korb

Compote de rhubarbe

Rhabarberkompott

Zutaten für 4 Portionen:
1 kg Rhabarber, geputzt und in 1 cm lange Stücke geschnitten
300 g Zucker

- Rhabarber mit dem Zucker bestreuen. Sobald er Saft gezogen hat, zum Kochen bringen.
- Ca. 25 Min. kochen, dabei oft umrühren.

Tipp
Mit ein bisschen Fantasie lässt sich dieses sehr einfache Grundrezept leicht abwandeln. So hat meine Mutter z. B. gern Erdbeeren und Zucker (im Verhältnis 1:1) hinzugefügt.

Meine Mutter in den 1960er Jahren

6 Juin

Juni

Fromage de chèvre et feux de la Saint Jean

Von Ziegenkäse und Johannisfeuern

Das Haus der Käsefrau Yvette, bei der wir in der Sarthe unseren Ziegenkäse kauften, hatte etwas Herrschaftliches, auch wenn Ziegen und Schafe frei auf dem Grundstück herumliefen. Yvette kannte sie einzeln bei ihren Namen, verfütterte nur Heu und frisches Gras und streichelte sie *en passant* auf dem Weg zum Nebengebäude, wo ihr Käse reifte. In einem Raum mit gläsernen Wänden lagerten in Reih und Glied die weißen Käselaibe, die später in Kräutern oder Asche gewälzt wurden und so hübsche Farbtupfer erhielten.

Jeden Tag packte sie frühmorgens ihren Anhänger mit Ziegenkäse voll und fuhr damit zu den Märkten der Umgebung. Sie hatte ihre Stammkunden, deren Geschmack sie kannte und die sie auf nette Weise in einen kleinen Plausch verwickelte. *Qu'est-ce qu'il vous faut aujourd'hui, ma p'tite dame?* Möchten Sie heute verschiedene Sorten Ziegenfrischkäse oder lieber reifen Käse? Sie erzählte ihnen auch, wie sie selbst ihren Käse gern aß: in Scheiben geschnitten und in der Glut des Kaminfeuers erhitzt, mit Knoblauch, Pfeffer und einem Tropfen Cognac.

Im Juni fieberten wir immer dem Fest entgegen, mit dem der Sommeranfang gefeiert wird – dem Saint-Jean-Feuer am 24. Dafür wurden Zweige und Heuballen drei bis vier Meter hoch aufgeschichtet. Die Familien bildeten einen Kreis. Die Menge flüsterte, bereit, immer weiter zurückzuweichen. Die Flammen knisterten, die Funken tanzten, und da im Dorf alle Lichter gelöscht worden waren, kam eine geheimnisvolle Atmosphäre auf. Unsere Hände begegneten sich, und manche Kinder sprangen mutig über das Feuer und tanzten darum herum.

Mit dem Johannisfeuer wird die Wiederkehr der Fruchtbarkeit, der *fertilité*, gefeiert. »Ein gutes Feuer verspricht eine gute Ernte«, heißt es. Vor der Revolution war es ein sehr populäres Fest, besonders in Weinanbaugebieten. Auch in Paris wurde es begangen, und zwar auf der Place de Grève (heute Place de l'Hôtel de Ville). Der letzte König, der dort ein Johannisfeuer angezündet hat, war Ludwig XIV.

Mein Vater mit Jean-Luc auf der Terrasse eines Cafés

Immer wenn wir unser Landhaus wieder in Richtung Paris verlassen mussten, machten wir einen kleinen Spaziergang durch unseren kleinen Gemüsegarten, um ein letztes Mal den frischen Erdgeruch zu schnuppern, der uns in der Stadt fehlen würde. Meine Mutter hatte zwischen den Beeten, die mit Tomaten, Erbsen, Radieschen, Salat, Rosmarin, Schnittlauch, Petersilie, Zitronenmelisse und Dill bepflanzt waren, kleine Wege angelegt. Sie empfand es als Genuss, Gemüse und Kräuter anzubauen und die Produkte ihrer Arbeit zu ernten. Und wie das selbst gezogene Gemüse meiner Mutter geschmeckt hat! Père Jousse, der die Felder um unser Haus bestellte, kam immer gerne mit seinem roten Traktor auf ein Pläuschchen und ein Glas Rosé zu uns getuckert und kommentierte wohlwollend die kleine Ernte meiner Mutter – ein Lob, das einem Ritterschlag gleichkam! *Ah, la nostalgie!*

Auf der Schwelle unseres Landhauses

Ein Landwirt aus der Nachbarschaft auf seinem roten Traktor

»Cuisiner suppose une tête légère, un esprit généreux et un cœur large.«
Paul Gauguin

Mein Bruder Jean-Luc

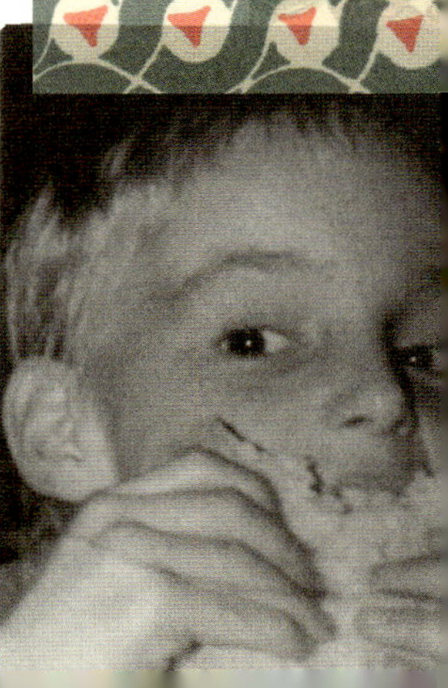

Salade aux herbes sauvages et au fromage de chèvre frais

Wildkräutersalat mit Ziegenfrischkäse

Vinaigrette
½ EL Salz
1 EL Essig
1 EL Senf
4 EL Öl
frische Kräuter, fein gehackt
Pfeffer aus der Mühle

- Salz in Essig auflösen.
- Restliche Zutaten unterrühren.

Salat
Zutaten für 4 Portionen:
1 bunter Strauß frischer Wildkräuter vom Markt, von einem Spaziergang oder aus dem eigenen Garten (z. B. je ½ Tasse Gänseblümchenblüten, Löwenzahn-, Taubnessel-, Sauerampfer-, Vogelmiere-, Giersch-, Bärlauchblätter), gesäubert und zerkleinert
50 g Ziegenfrischkäse, in grobe Stücke zerteilt
Mehl
Öl zum Anbraten
3 Tomaten, fein gewürfelt
50 g Walnüsse, gehackt

- Kräuter für 1 Std. in lauwarmes Wasser legen.
- Gut abtropfen lassen und auf Tellern anrichten.
- Käse in Mehl wenden. Öl in einer Pfanne erhitzen und Käse darin kurz anbraten.
- Käse, Tomaten und Walnüsse auf den Wildkräutern verteilen.
- Mit der Vinaigrette beträufeln.

Jean-Luc in einer Astgabel

Velouté de cresson aux crevettes roses

Kressesüppchen mit Garnelen

Zutaten für 6 Portionen:
3 Bund Brunnenkresse, einen kleinen Teil zum Dekorieren beiseitestellen
70 g Butter
2 Zwiebeln, gewürfelt
Salz, Pfeffer aus der Mühle
1 Knoblauchzehe, zerdrückt
2 l Hühnerbrühe
400 g Kartoffeln, geschält und in kleine Stücke geschnitten
50 g Sahne
50 ml Olivenöl
18 gekochte Garnelen (frisch vom Fischhändler oder tiefgekühlt)

- Kresseblätter von den Stielen streifen und in kochendem Wasser ca. 2 Min. blanchieren. Stiele beiseitestellen.
- Kresseblätter unter kaltem Wasser abschrecken, abtropfen lassen und mit dem Pürierstab fein pürieren. Kressepüree kalt stellen.
- Butter in einem Topf zerlassen. Darin Zwiebeln und Kressestiele 5–10 Min. dünsten.
- Salz, Pfeffer und Knoblauch sowie Hühnerbrühe hinzufügen.
- Sobald die Flüssigkeit anfängt zu kochen, Kartoffeln und Sahne hinzufügen und ca. 30 Min. köcheln lassen.
- Mit dem Pürierstab fein pürieren.
- Kressepüree hinzufügen, so dass die Suppe eine intensivere grüne Farbe erhält. Nochmals erwärmen, dabei darauf achten, dass die Suppe nicht zu heiß wird, da sie sonst die grüne Farbe verliert.
- Öl erhitzen und Garnelen darin leicht anbraten. Auf Küchenpapier abtropfen lassen.
- Garnelen vorsichtig in die Suppe geben und Kresse darüberstreuen. Dazu passt Baguette.

Tarte aux légumes verts et au fromage

Gemüse-Käse-Tarte

Teig (Grundrezept)
Zutaten für 1 Tarteform (26 cm Ø):
250 g Mehl
1 EL Öl
1 Prise Salz
hier: 50 g fein geriebener Emmentaler
125 g Butter, in kleine Stücke geschnitten, und Butter für die Form
1 Eigelb

- Mehl in eine Schüssel geben, in die Mitte eine Mulde drücken und Öl, Salz, Käse, Butter und Eigelb hineingeben. Alles zu einem homogenen Teig verkneten.
- Teig immer wieder mit Wasser befeuchten und mit der flachen Hand kneten.
- Den zu einer Kugel geformten und in eine Folie gewickelten Teig mind. 3 Std. ruhen lassen.

Belag
Butter zum Anbraten
1 Zucchini, schräg in Scheiben geschnitten
1 Lauchstange, in Ringe geschnitten
4 EL frische Erbsen
Salz, Pfeffer aus der Mühle
150 g Emmentaler
1 EL Mehl
150 ml Milch
150 g Sahne oder Joghurt
4 Eier
1 Prise frisch geriebene Muskatnuss

Meine Mutter mit Freunden in einem Café

- Gefettete Form mit Teig auslegen.
- Butter in einer Pfanne erhitzen und Gemüse darin leicht andünsten, vorsichtig salzen.
- Gemüse und Käse auf dem Tarteboden verteilen.

- Mehl, Milch, Sahne bzw. Joghurt und Eier mit einem Schneebesen kräftig verrühren und mit Salz, Pfeffer und Muskat würzen. Die Mischung auf das Gemüse gießen.
- Tarte im vorgeheizten Backofen bei 200 °C (Umluft: 180 °C) ca. 30 Min. backen.

Wir Geschwister auf dem Hof unseres Landhauses

Pommes de terre nouvelles au romarin et à la sauge

Gebackene Frühkartoffeln mit Rosmarin und Salbei

Zutaten für 4 Portionen:
10 mittelgroße Frühkartoffeln mit Schale, halbiert
4 EL natives Olivenöl extra
2 EL Salz
2 EL Pfeffer aus der Mühle
6–8 Zweige frischer Rosmarin
6–8 Stängel frischer Salbei

- Kartoffeln ringsum mit Öl, Salz und Pfeffer einreiben. In eine flache Auflaufform dicht nebeneinanderlegen. Kräuterstängel dazwischenstecken.
- Im vorgeheizten Backofen bei 180 °C (Umluft: 160 °C) 1–1½ Std. backen, bis die Kartoffelschalen knusprig und leicht gebräunt sind und das Innere gar ist.

Tipp
Mit geriebenem Gruyère oder Ziegenfrischkäse und grünem Salat serviert, ergeben die Rosmarinkartoffeln eine einfache, aber leckere Mahlzeit.

Truite aux amandes
Mandelforelle

Zutaten für 4 Portionen:
250 ml Milch
1½ TL Salz
1 TL Pfeffer aus der Mühle
70 g Mehl
4 ganze Forellen (mit Kopf und Schwanz) à ca. 750 g, ausgenommen und gewaschen
Pflanzenöl zum Anbraten
60 g Butter
100 g Mandelblättchen
2 unbehandelte Zitronen, in dünne Scheiben geschnitten

- Milch in eine flache Schüssel gießen, die groß genug für eine Forelle ist. 1 TL vom Salz und den Pfeffer unterrühren.
- Mehl auf einem großen Teller verteilen.
- Forellen durch die Milch ziehen, dann im Mehl wälzen.
- Öl in einer großen Pfanne stark erhitzen, Forellen hineingeben und bei aufgelegtem Deckel ca. 1 Min., dann bei niedrigerer Temperatur weitere 5–6 Min. braten.
- Forellen wenden und von der anderen Seite bei aufgelegtem Deckel weitere 4–5 Min. braten. Die Haut sollte goldbraun und knusprig und das Fleisch leicht von den Gräten zu lösen sein.
- Forellen aus der Pfanne nehmen und auf einer vorgewärmten Platte anrichten.
- In einer kleinen Pfanne Butter zerlassen. Sobald sie schäumt, Mandelblättchen dazugeben und mit dem restlichen ½ TL Salz bestreuen.
- Unter Rühren 2–3 Min. goldbraun rösten, dann mit einem Schaumlöffel aus der Pfanne nehmen und auf den Forellen verteilen.
- Forellen mit der Butter aus der Pfanne begießen, mit den Zitronenscheiben garnieren und heiß servieren. Dazu passen mit Petersilie bestreute Salzkartoffeln.

Café an einem Marktplatz in der Charente

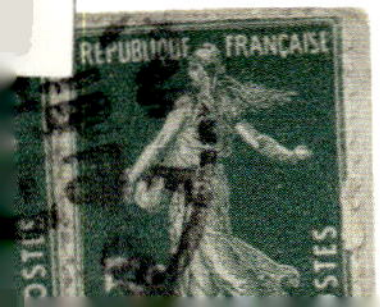

Im Alter von drei Jahren bei einem Picknick am Seeufer

Gratin de fraises

Erdbeergratin

Zutaten für 6 Portionen:
500 g Erdbeeren, geviertelt
300 g Himbeeren
250 g rote Johannisbeeren, gewaschen und entstielt
4 Eigelb
80 g Puderzucker
100 ml Milch
Erdbeerlikör (wer mag)
500 ml Vanilleeis

- Früchte vermischen und in kleine feuerfeste Schälchen füllen.
- Eigelb und Puderzucker in einen Topf geben und verrühren.
- Milch erhitzen, nach und nach zu der Eimasse geben und bei geringer Hitze langsam schlagen, bis eine cremige Masse entsteht.
- Creme in die Schälchen füllen und im vorgeheizten Backofen bei 200 °C (Umluft: 180 °C) backen, bis die Oberfläche leicht gebräunt ist.
- Mit Likör beträufeln und mit Eis servieren.

Pain de framboises

Grießkuchen mit Himbeersauce

Man benötigt dafür eine Charlottenform, die rund, glattwandig und etwas höher als eine Springform ist; zur Not tut es auch eine Springform von 26 cm Ø.

Himbeersauce

250 g Himbeeren
80 g Puderzucker

- Himbeeren mit der Gabel zerdrücken, durch ein Sieb passieren.
- Den so gewonnenen Saft mit dem Puderzucker vermischen.

Teig

Zutaten für 1 Charlottenform:
250 ml Wasser
250 ml Weißwein
Saft von 1 Zitrone
1 Päckchen Vanillezucker (à 8 g)
150 g Puderzucker
125 g Grieß
Butter für die Form

- Wasser, Wein, Zitronensaft, Vanillezucker und ⅔ des Puderzuckers in einem Topf zum Kochen bringen. Ca. 5 Min. kochen.
- Grieß hinzufügen. 15 Min. kochen.
- Mischung in die gefettete Form geben. Im Wasserbad (s. S. 44) ca. 40 Min. garen.
- Abkühlen lassen. Kuchen stürzen, mit dem restlichen Puderzucker bestäuben und mit der Himbeersauce servieren.

Juillet

Juli

Bals et pétanque – joies d'été à la campagne

Bälle und Boule – Sommervergnügen auf dem Land

Da wir den Sommer ja, wie viele Pariser, oft auf dem Land verbrachten, ist der Nationalfeiertag am 14. Juli in meiner Erinnerung weniger mit der großen Truppenparade auf den Champs-Élysées und dem Feuerwerk zum Gedenken an den Sturm auf die Bastille verbunden als mit Fackelumzügen in den Dörfern, kleinen ländlichen Feuerwerken und dem Tanzvergnügen für jedermann auf dem Dorfplatz. Am 14. Juli lädt traditionell die Feuerwehr zum Ball. Ursprünglich waren nur ihre Familien und Freunde eingeladen. Mamie erzählte uns, dass die Feuerwehr am 14. Juli 1937 in ihrer Kaserne im Pariser Stadtviertel Montmartre ein Fest gab. Es wurde ein so rauschender Ball, dass Passanten ans Tor geklopft und um Einlass gebeten haben sollen. Im Jahr darauf taten die anderen Pariser Stadtbezirke es der Feuerwehr von Montmartre gleich, und seitdem verbreiteten sich die 14.-Juli-Bälle im ganzen Land, und jeder tanzte mit jedem.

Das volkstümliche Fest zu Ehren der Französischen Revolution erlaubt Tanzen, Flirten und Spielen – das ließen wir uns nicht zweimal sagen! Nicht nur am 14. Juli, auch sonst in den Sommerferien spielten wir, wenn wir z.B. in der Heimat meiner Urgroßeltern, der Charente, am Meer oder in der Bretagne in den Landhäusern von Freunden waren, ganze Nachmittage lang *pétanque*. Das Wichtigste an diesem vergnüglichen Spiel sind das Palavern und das Feilschen um den richtigen Einsatz des *cochonnet*, der hölzernen Setzkugel, und um die richtige Platzierung der Stahlkugeln. Uns hat das Boulespiel, für das man ein 15 bis zwanzig Meter langes ebenes Gelände braucht, unendlich viel Spaß gemacht. Das erste offizielle Turnier fand erst 1910 statt. Eigentlich aber ist *pétanque* ein Volkssport. Mamie zitierte dazu gerne Marcel Pagnol, den sie wegen seiner Kindheitserinnerungen an die Provence, *Der Ruhm meines Vaters* und *Das Schloss meiner Mutter*, liebte: »Wenn eine Partie Boule beginnt, dann entsteht ein ganzes Dorf.« Boule ist ein sommerlicher Zeitvertreib vor allem von Rentnern auf schattigen Dorfplätzen, die dabei gern ein Glas Pastis tranken, so wie es mein Urgroßvater Gaston in seinem Heimat-

dorf Segonzac erlebt hat. *Tu tires ou tu pointes* – Du schießt mit deiner Kugel die gegnerische weg oder wirfst sie an die Setzkugel heran. So könnte man den Kern jeder Unterhaltung der alten Herren beim Boulespielen wiedergeben. Da *pétanque*, das in ähnlicher Form schon die Griechen und die Römer spielten – mit Kugeln aus Holz oder mit Nägeln gespicktem Leder –, zuerst in Marseille aufkam, muss man sich diese Gespräche im Marseiller Akzent geführt vorstellen. Deswegen haben wir uns einen Spaß daraus gemacht, beim Boulespielen Strohhüte und flache Espadrilles zu tragen, mit südlichem Akzent zu sprechen, die Pausen mit einem leckeren Zitronenwein oder eisgekühlten Pfefferminztee lässig in Liegestühlen hängend zu verbringen und uns zu fühlen wie »Gott in Frankreich« oder, wie wir Franzosen sagen, *comme un coq en pâte.*

Sommerfreuden: lange Tafel im Garten unseres Landhauses

Die ganze Familie bei einem Strandurlaub

»J'aime ce qui me nourrit: le boire, le manger, les livres.«
Étienne de la Boétie

Salade jardinière

Salat mit allerlei Blattsalaten

Orangenvinaigrette

Zutaten für 6 Portionen:
Saft von 6 Orangen
50 ml Olivenöl
Salz, Pfeffer aus der Mühle

- Orangensaft in einen Topf geben. Bei geringer Hitze einkochen, bis ein Sirup entsteht.
- Sirup erkalten lassen und langsam mit dem Öl vermischen. Salzen und pfeffern.

Salat

Zutaten für 1 Kranzform (26 cm Ø; 6 Portionen):
200 g große dicke Bohnen, enthülst
4 Schälchen Kapuzinerkresseblüten
20 Zucchiniblüten
2 Bund Basilikum, fein geschnitten
1 Bund glatte Petersilie, fein gehackt
4 große Tomaten, in dünne Scheiben geschnitten
600 g verschiedene Blattsalate, geschnitten
Salz, Pfeffer aus der Mühle

- Bohnen ca. 3 Min. in kochendes Wasser geben. Mit kaltem Wasser abschrecken und in die Ringform füllen.
- Danach schichtweise Blüten, Kräuter, Tomaten und Blattsalate daraufgeben.
- Jede Schicht salzen und pfeffern.
- Die Vinaigrette über den Salat gießen.
- Salat aus der Ringform stürzen und sofort servieren.

Unter dem großen Birnbaum: rustikales Fest mit Freunden

Trikoloren über der Tribüne einer Pferderennbahn

Gigot d'agneau en croûte d'herbes avec haricots sauce tomate

Lammkeule in Knoblauch-Kräuterkruste mit Tomatenbohnen

Waldspaziergang auf den Schultern meiner Mutter

Lammkeule

Zutaten für 6–8 Portionen:

2,5 kg Lammkeule
12 ganze Knoblauchzehen, geschält
Salz, Pfeffer aus der Mühle
1 Ei, verschlagen
300 g Paniermehl
1 Bund glatte Petersilie, fein gehackt
10 Blätter Basilikum, fein geschnitten
frische Kräuter (z.B. Estragon, Thymian, Rosmarin, Bohnenkraut und Majoran), fein geschnitten
8 EL getrocknete Kräuter (z.B. Thymian, Rosmarin, Winterbohnenkraut oder Majoran)
2 EL Olivenöl
1 Lorbeerblatt
1 Stängel frischer Thymian

- Fleisch an 6 Stellen einritzen. In jeden Spalt eine Knoblauchzehe stecken.
- Salzen und pfeffern.
- Fleisch mit Ei einreiben.
- Paniermehl und Kräuter in einer flachen Auflaufform mischen. Fleisch in der Mischung wälzen. Mit Öl beträufeln.
- Fleisch in einem flachen Bräter in den auf 200 °C (Umluft: 180 °C) vorgeheizten Backofen geben. Nach 45 Min. die restlichen Knoblauchzehen, Lorbeer und Thymian dazulegen.
- Nach weiteren 15 Min. Temperatur um 20 °C reduzieren. Ca. 30 Min. weitergaren.
- Zum Tranchieren das Fleisch auf ein Brett legen und locker mit Alufolie bedecken. Abgedeckt ca. 15 Min. ruhen lassen, dann in dünne Scheiben schneiden.
- Mit dem Bratensaft begießen und servieren. Dazu schmecken Tomatenbohnen (s.u.), frische grüne Bohnen oder Kartoffeln.

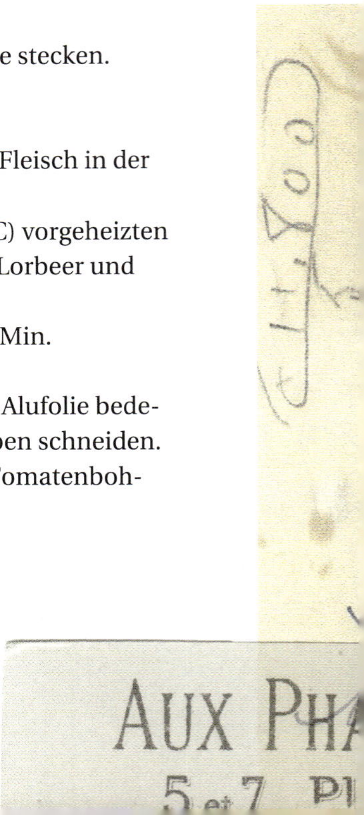

Jean-Luc an unserem großen Birnbaum

Tomatenbohnen

Zutaten für 6–8 Portionen:
400 g getrocknete weiße Bohnen
2 TL Salz
4 frische Lorbeerblätter
8 TL frisches Bohnenkraut, fein gehackt
8 getrocknete Tomatenhälften, ungesalzen

- Bohnen mit Salz, Lorbeer und der Hälfte des Bohnenkrauts in 3,5 l Wasser geben.
- Zum Kochen bringen, Temperatur reduzieren und 2–2½ Std. langsam vor sich hin köcheln lassen, bis die Bohnen gar sind.
- Abgießen, dabei etwa 500 ml Flüssigkeit auffangen.
- Tomaten in eine Schüssel geben, die Flüssigkeit dazugießen und ca. 15 Min. stehen lassen, bis sie weich sind.
- 200 g der Bohnen und die Tomaten mit dem Pürierstab pürieren. Püree mit den restlichen Bohnen vermischen.

Geduldiges Spießedrehen am Lagerfeuer

Tarte aux fruits rouges et à la crème de noisettes

Tarte mit roten Beeren und Haselnusscreme

Zutaten für 1 Tarteform (26 cm Ø):
1 EL und 100 g gemahlene Haselnüsse
120 g Mehl
110 g Zucker
Salz
120 g Butter, in sehr kleine Stücke geschnitten, und Butter für die Form
2 Eier
400 g Sahne
300 g rote Früchte (z.B. Himbeeren und/oder Brombeeren und/oder Johannisbeeren, Letztere entstielt)
Puderzucker zum Bestäuben

- Für den Teig 1 EL Nüsse, Mehl, 30 g Zucker und Salz mischen.
- Die Mischung mit der Hälfte der Butter verkneten. Eine Kugel formen und den Teig eingewickelt in Folie 1 Std. im Kühlschrank kalt stellen.
- Für den Belag Eier und restlichen Zucker verrühren.
- 100 g Nüsse, restliche Butter und Sahne hinzufügen und gut untermischen.
- Teig ausrollen und den Boden der gefetteten Form damit auslegen.
- Eimasse daraufgeben und im vorgeheizten Backofen bei 200 °C (Umluft: 180 °C) 18–20 Min. backen.
- Form aus dem Ofen nehmen und die Früchte auf der Eimasse verteilen.
- Weitere 15–20 Min. backen.
- Mit Puderzucker bestäuben und lauwarm oder kalt servieren.

Mamie beim Marmeladekochen

Délice des anges

Himbeer-Kirsch-Kuchen mit Rosenwasser

Zutaten für 1 Springform (20 cm Ø):
250 g Mehl
250 g Zucker
250 g Butter, zerlassen, und Butter für die Form
5 Eier
2 EL Rosenwasser
4 Schälchen Himbeeren à 250 g, ein paar zum Garnieren beiseitestellen
500 g Süßkirschen, entsteint
10 Himbeer-Macarons (aus der Konditorei)
Puderzucker zum Bestäuben

- Mehl, Zucker, Butter und Eier verrühren.
- Rosenwasser hinzufügen und Früchte unterheben.
- Masse in die gefettete Form füllen und im vorgeheizten Backofen bei 200 °C (Umluft: 180 °C) 35–40 Min. backen.
- Kuchen auf einen Servierteller stürzen und nach Belieben mit Himbeeren und Himbeer-Macarons garnieren.
- Mit Puderzucker bestäuben.

Marktfreuden: Sommerfrüchte in Fülle

Confiture d'abricots

Aprikosenmarmelade

Zutaten für ca. 8 Marmeladengläser à 375 g:
2 kg Zucker
2 kg Aprikosen, halbiert und entsteint

- Zucker mit 500 ml Wasser aufkochen lassen und zu einem Sirup einkochen.
- Sobald der Sirup in dicken Tropfen vom Löffel fällt, Aprikosen hinzufügen und aufkochen lassen.
- Nach dem ersten Aufkochen Aprikosen aus der Flüssigkeit nehmen und beiseitestellen.
- Sirup abermals aufkochen lassen, bis er in dicken Tropfen vom Löffel fällt.
- Aprikosen wieder hinzufügen und ein zweites Mal aufkochen lassen.
- Die Masse sofort bis an den Rand in zuvor heiß ausgespülte Marmeladengläser füllen. Gläser fest zuschrauben und auf den Kopf stellen, bis die Marmelade vollständig erkaltet ist.

Tipp
Wer mag, kann am Schluss ein paar Mandelblättchen hinzufügen.

Mamie mit Sonnenhut zum Schutz
gegen die heiße Julisonne

Vin de citron

Zitronenwein

Jean-Luc mit knapp zwei Jahren

Zutaten für 4 l:
Zesten von 12 unbehandelten Zitronen
4 l trockener Weißwein
20 cl Rum
60 ml Zuckersirup

- Zesten 5 Tage in Wein einlegen.
- Flüssigkeit durch ein feines Sieb abseihen.
- Rum und Sirup hinzufügen, umrühren und sofort servieren.

Tipp
Der Zitronenwein bleibt im Kühlschrank bis zu einer Woche lang frisch.

Thé vert frais au gingembre et à la menthe

Eisgekühlter Ingwer-Minztee

Zutaten für 4 Portionen:
15 g grüne Teeblätter
5–7 frische Pfefferminzblätter
80 g Puderzucker
1 TL Ingwerpulver

- 500 ml Wasser zum Kochen bringen, vom Feuer nehmen und etwas abkühlen lassen, grünen Tee und Pfefferminztee aufgießen und ca. 5 Min. ziehen lassen.
- Tee in einen Topf abseihen. Puderzucker hinzufügen. Langsam erhitzen, bis sich der Zucker aufgelöst hat. Zum Kochen bringen und Ingwer dazugeben.
- Kalt stellen und sehr kalt servieren.

Août

August

Le Cognac ou le secret du temps

Cognac oder das Geheimnis der Zeit

Auf einer Bank auf dem Dorfplatz von Segonzac hielten mein Urgroßvater Gaston und Guy Jeanneteau, der langjährige *maître de chai* des von Kennern geschätzten Cognac Frapin, jeden Tag ein ausführliches Schwätzchen über Cognac. Ihre Gespräche kreisten um die Frage, wie sich der Genuss von Cognac am wirkungsvollsten steigern lässt. Sie waren sich darin einig, dass man das unübertroffene Aroma möglichst lange in sich aufnehmen sollte, um so den Moment hinauszuzögern, in dem man den Cognac schließlich genießt. Sie diskutierten auch über das beste Eichenholz für seine Lagerung in Fässern und über das optimale Zusammenspiel der Aromen, das der »Lagermeister« ständig überwachte. (Das deutsche Wort Kellermeister passt hier insofern nicht, als Cognac nicht in Kellern, sondern in großen Hallen, Speichern oder Scheunen gelagert wird.)

Manchmal tranken sie dabei einen *apéro*, wie die Franzosen es lieben. Das Wort leitet sich vom lateinischen *aperire* (öffnen) her. Eigentlich eröffnet der Aperitif eine Mahlzeit, doch für die beiden eröffnete er eher ihre Gespräche. Nachdem sie einen *santé*-Spruch ausgebracht hatten, philosophierte Guy Jeanneteau gerne über sein *métier de cœur*, seinen Herzensberuf, den er fast vierzig Jahre lang ausgeübt hatte. Er betonte die Wichtigkeit der doppelten Destillation, die ein besonders feines, geschmacksintensives Ergebnis liefert, und vertrat die Überzeugung, dass der *maître de chai* den Cognac »komponieren« müsse. Er sei nicht nur für dessen *élaboration* (»Ausarbeitung«) zuständig, sondern müsse ihm auch »die Richtung weisen«, in die er altern sollte. Das gefiel meinem Urgroßvater, der Jeanneteau deswegen stets mit »Kapitän« anredete.

Für die Herstellung von Cognac ist Zeit ein wichtiger Faktor. Das macht ihn zum idealen Produkt der Charente, denn dem typischen *charentais* sagt man nach, dass er Zeit hat und sich ohne Eile und Hetze bewegt – wie die *cagouille*, die Weinbergschnecke. So werden die *charentais* denn auch *cagouillards* genannt. Sie haben Zeit, ihren Cognac altern zu lassen, in Ruhe leckere kleine Gerichte zuzubereiten, Zeit, Perfektion zu erreichen – Zeit, das Leben zu genießen.

Dass man stundenlang über Cognac philosophieren kann, haben nicht nur mein Urgroßvater Gaston und Guy Jeanneteau bewiesen, sondern auch mein Vater, der diese Familienliebhaberei an mich weitergegeben hat. *Merci!*

Guy Jeanneteau, der Cognacexperte

»Ce goût, c'était celui du petit morceau de Madeleine.«
Marcel Proust

Mein Urgroßvater Gaston mit meinem Bruder in Segonzac

Salade de fenouil aux poires et roquefort servie avec une vinaigrette de pamplemousses

Fenchel-Birnen-Salat mit Roquefort und Pampelmusenvinaigrette

Zutaten für 4 Portionen:
4 Fenchelknollen, in Scheiben geschnitten
Saft von 2 Orangen
Saft von 6 Pampelmusen
50 ml Olivenöl
Salz, Pfeffer aus der Mühle
1 Birne, geschält und in kleine Stücke geschnitten
200 g Roquefortkäse, in kleine Stücke geschnitten
1 EL Sesamsamen

- Fenchel mit dem Orangensaft begießen und 2 Std. ziehen lassen. Abtropfen lassen, Saft auffangen.
- Orangensaft mit dem Pampelmusensaft ca. 1 Std. bei geringer Hitze zu einem dickflüssigen Sirup einkochen.
- Langsam Öl unterrühren. Salzen und pfeffern.
- Fenchel in eine Salatschüssel geben und mit der Vinaigrette übergießen.
- Birnen und Käse untermischen.
- Kurz vor dem Servieren Sesamsamen darüberstreuen.

Tipp
Diese ungewöhnliche Vinaigrette kann mit kleingeschnittenem Basilikum abgewandelt werden.

Strohballen auf einem Feld bei Semur-en-Vallon in der Sarthe

Père Jousse auf seinem roten Mähdrescher

Ma chère Pierrette
Je reçois à l'instant

Filets d'aiglefin sur lit de moules avec coulis de tomates

Schellfischfilets auf einem Muschelbett mit Tomatencoulis

Fisch
Zutaten für 4 Portionen:
4 Schellfischfilets
Pfeffer aus der Mühle
3 cl Cognac
500 g frische, fest geschlossene Miesmuscheln, in einer Schüssel mit frischem gesalzenem Wasser gesäubert (Wasser mehrfach wechseln)
1 Zwiebel, fein gehackt
2 EL fein gehackte glatte Petersilie
1 Stängel frischer Thymian
30 g Butter

- Fisch pfeffern und für 1 Std. in Cognac einlegen, dabei ab und zu wenden.
- Muscheln, Zwiebel, 1 EL Petersilie und Thymian mit 1 Glas Wasser in einen Topf geben. Bei aufgelegtem Deckel bei starker Hitze dämpfen, bis die Muscheln sich öffnen, dabei den Topf mehrfach rütteln. Muscheln, die sich nicht geöffnet haben, wegwerfen.
- Muscheln von den Schalen befreien und den »Bart« vom Muschelfleisch abzupfen. In einer länglichen Schale anrichten.
- Fisch in einen Topf geben, mit dem Cognac und so viel Muschelsud begießen, dass er bedeckt ist.
- Kurz köcheln lassen, bis er gar ist.
- Mit einer Schöpfkelle Fisch aus der Flüssigkeit heben und auf die Muscheln geben.
- Butter im Fischsud zerlassen und über den Fisch geben.
- Mit der restlichen Petersilie bestreuen.

Ein Bauer führt auf dem Dorffest seine Ackerpferde vor

Tomatencoulis

150 ml Olivenöl
30 g Zwiebeln, fein gehackt
20 g Schalotten, fein gehackt
1 Knoblauchzehe, fein gehackt
2 kg Tomaten, gehäutet und in Scheiben geschnitten
1 EL Tomatenmark
1 EL fein gehackter Thymian
2 EL fein gehackte glatte Petersilie
Salz, Pfeffer aus der Mühle

- 1 EL Öl in einem Topf erhitzen. Zwiebeln, Schalotten und Knoblauch darin dünsten.
- Tomaten, Tomatenmark, Thymian und Petersilie hinzufügen.
- Bei aufgelegtem Deckel ca. 15 Min. dünsten. Erkalten lassen.
- Mit dem Pürierstab zerkleinern. Langsam das restliche Öl hinzufügen und mit einem Kochlöffel umrühren.
- Mit Salz und Pfeffer kräftig abschmecken.

Tipp
Tomatencoulis ist sowohl warm als auch kalt zu verwenden.

Meine Eltern und meine Großmutter an einem Strand in der Normandie

Bar sauce d'or flambé avec aubergines frites

Mit Cognac flambierter Seebarsch mit frittierten Auberginen

Fisch

Zutaten für 6 Portionen:

Öl zum Anbraten und für die Form
250 g braune Champignons, von den Stielen befreit, die Köpfe in dünne Scheiben geschnitten
1,5 kg Seebarsch, abgeschuppt und gesäubert
Salz, Pfeffer aus der Mühle
frischer Thymian, Menge nach Belieben, fein gehackt
1 frisches Lorbeerblatt
Butter zum Bestreichen
100 g Schalotten, fein gehackt
10 cl Cognac
200 ml trockener Weißwein
150 g Crème fraîche
2 Eigelb

- Öl in einer Pfanne erhitzen und Champignons darin andünsten. Beiseitestellen.
- Fisch salzen und pfeffern, innen mit Thymian einreiben und Lorbeer hineinlegen.
- Eine feuerfeste Form mit Öl ausstreichen. Fisch hineinlegen und etwas Butter daraufstreichen. Im vorgeheizten Backofen bei 200 °C (Umluft: 180 °C) ca. 15 Min. backen.
- Fisch wenden, etwas Butter daraufstreichen. Rohe Schalotten und die Champignons um den Fisch verteilen. Weitere 15 Min. backen.
- Cognac in einem kleinen Topf erhitzen und flambieren. Brennende Flüssigkeit über den Fisch gießen.
- Wein auf den Fisch geben und weitere 5–8 Min. backen.
- Form aus dem Ofen nehmen. Flüssigkeit mit Schalotten und Champignons durch ein Sieb abseihen. Champignons beiseitestellen. Fisch wieder in den Backofen stellen, diesen abschalten.

Mein Bruder Jean-Luc

- Flüssigkeit in einem kleinen Topf einkochen. Crème fraîche und Eigelb verrühren und dazugeben. Umrühren und abschmecken.
- Fisch und Champignons anrichten. Sauce separat servieren.

Auberginen

Zutaten für 6 Portionen:
8 Auberginen, geschält und der Länge nach halbiert
grobes Salz
5 EL Olivenöl

- Auberginen mit der Schnittfläche nach oben mit grobem Salz bestreuen und 1–2 Std. stehen lassen.
- Auberginen leicht ausdrücken. Öl in einer Pfanne erhitzen und Auberginen darin braten, bis sie gebräunt sind. Dabei ab und zu wenden.
- Auf Küchenpapier abtropfen lassen und heiß servieren.

Im großen Kaminzimmer unseres Landhauses

Poulet à l'estragon

Estragonhähnchen

Zutaten für 4 Portionen:

1 Hähnchen (ca. 1 kg) mit Leber, Letztere fein gehackt
250 g Schweinefleisch (Filet oder Schweinenacken), sehr fein gewürfelt
125 g Kalbfleisch (Kalbsnuss oder Karree), sehr fein gewürfelt
250 g geräucherter Speck, sehr fein gewürfelt
2 cl Cognac
35 g fein gehackter und 1 Zweig frischer Estragon
Salz, Pfeffer aus der Mühle
60 g Butter
60 g Zwiebeln, fein gehackt
1 TL Speisestärke

Cognacfabrikation in der Heimat meiner Urgroßeltern

- Hähnchenleber, Schweinefleisch, Kalbfleisch und die Hälfte des Specks mit dem Cognac und der Hälfte des gehackten Estragons vermischen.
- Salzen und pfeffern. Hähnchen mit der Masse füllen.
- Butter in einer Pfanne zerlassen. Restlichen Speck und Zwiebeln darin dünsten. Speck und Zwiebeln herausnehmen und beiseitestellen.
- Hähnchen im selben Fett anbraten. Sobald es von allen Seiten gebräunt ist, Speck und Zwiebeln hinzufügen und abschmecken.
- Den Estragonzweig hinzufügen. Mit etwas Wasser ablöschen.
- Bei aufgelegtem Deckel ca. 40 Min. bei geringer Hitze köcheln lassen.
- Vor dem Servieren den Hähnchensaft in einen Topf geben und Stärke unterrühren. Den restlichen gehackten Estragon hinzufügen. Kurz aufkochen lassen, bis eine dickflüssige Sauce entstanden ist.
- Hähnchen in einer flachen Form servieren, die Sauce separat. Dazu passt Reis, dem man beim Kochen einen Estragonzweig zugeben kann.

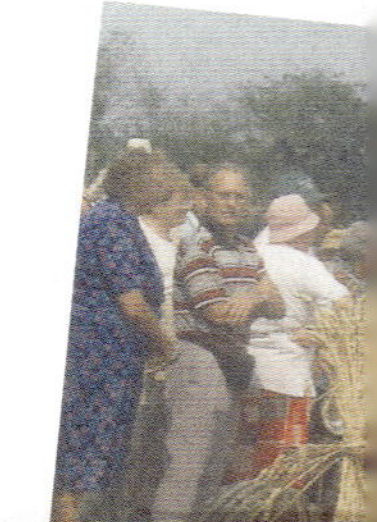

Alter Traktor auf einem Erntefest

Cognacproduktion in der Charente: kupferne Destillierkolben

Cognaclager der Firma Frapin in Segonzac

Lapin en cocotte aux feuilles de châtaignier avec figues au lard

Geschmortes Kaninchen an Esskastanienblättern mit Speckfeigen

Kaninchen

Zutaten für 6 Portionen:

1 EL Olivenöl
1 Kaninchen, in gleich große Teile zerlegt, gesalzen und gepfeffert
5 Schalotten, gewürfelt
2 Zwiebeln, gewürfelt
3 Karotten, gewürfelt
6 Knoblauchzehen, gewürfelt
500 ml Portwein
20 Esskastanienblätter, gewaschen
200 g Esskastanien (frisch, gegart oder aus dem Glas; ersatzweise kleine Kartoffeln)
frischer Thymian, Menge nach Belieben
frische Lorbeerblätter, Menge nach Belieben
Gewürze (getrocknete rote Johannisbeeren, Nelken, Muskatnuss, Kräuter der Provence)
400 g Mehl
1 Eigelb, verschlagen

- Öl in einem Topf erhitzen. Fleisch bei geringer Hitze darin anbraten.
- Sobald es gebräunt ist, Fleisch aus dem Topf nehmen und im selben Topf Schalotten, Zwiebeln, Karotten und Knoblauch 10–15 Min. anbräunen.
- Fleisch wieder zugeben und unter Rühren mit dem Portwein ablöschen. Ca. 5 Min. weiterköcheln lassen.
- Boden und Ränder eines großen Schmortopfes mit einem Teil der Kastanienblätter auskleiden. Fleisch und Gemüse hineinfüllen.
- Kastanien, Thymian, Lorbeer und restliche Gewürze hinzufügen. Abschmecken.
- Mit den restlichen Kastanienblättern bedecken und Topfdeckel auflegen.

Cognacfässer in Segonzac

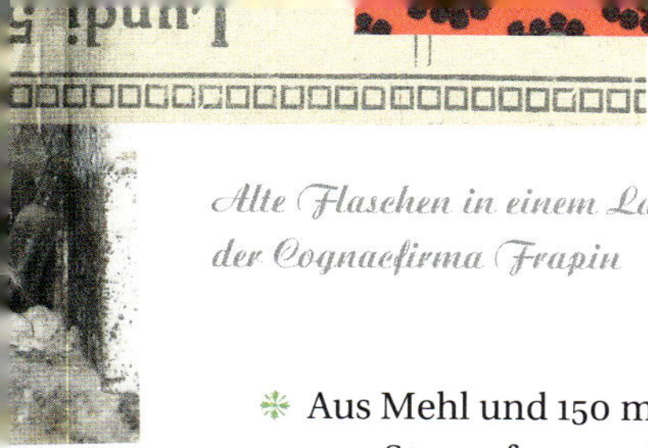

Alte Flaschen in einem Lagerraum der Cognacfirma Frapin

- Aus Mehl und 150 ml Wasser einen Teig kneten und daraus einen langen, dünnen Strang formen. Teigstrang auf dem Topfrand festdrücken, mit Ei bepinseln und Deckel fest auflegen.
- Im vorgeheizten Backofen bei 200 °C (Umluft: 180 °C) ca. 50 Min. backen.
- Topf vor den Augen der Gäste öffnen, damit alle gemeinsam das Aroma genießen können, das ihm entsteigt. Mit Speckfeigen (s.u.) und einer Gemüsebeilage wie z.B. grünen Bohnen servieren.

Feigen

Zutaten für 6 Portionen:
12 frische violette Feigen
12 Scheiben Speck
Butter

- Jede Feige mit einer Scheibe Speck ummanteln und Feigen in eine feuerfeste Form legen.
- Ein Butterflöckchen auf jede Feige setzen.
- Im vorgeheizten Backofen bei 120 °C (Umluft: 100 °C) 5–10 Min. backen.

Frisch mit Eisenringen beschlagene Cognacfässer

Médaillons de veau à la purée d'oignons

Kalbsmedaillons auf Zwiebelpüree

Kalbsmedaillons

Zutaten für 4–6 Portionen:
80 g Butter
8 Kalbsmedaillons
2 Schalotten, fein gewürfelt
500 g braune Champignons, in dünne Scheiben geschnitten
Salz, Pfeffer aus der Mühle
5 cl Calvados
200 ml trockener Cidre
500 g Crème fraîche

- Butter in einer großen Pfanne zerlassen. Fleisch darin anbraten.
- Schalotten und Champignons hinzufügen.
- Mit Salz und Pfeffer würzen und wenden. Bratfett abgießen.
- Calvados daraufgeben, flambieren und mit Cidre ablöschen.
- Cidre durch Köcheln auf die Hälfte reduzieren und Crème fraîche unterrühren.
- Fleisch immer wieder mit Bratensaft begießen, bis die Sauce eine sämige Konsistenz hat. Nochmals abschmecken.

Zwiebelpüree

Zutaten für 4–6 Portionen:
750 g nicht zu große Zwiebeln, geschält
Salz, Pfeffer aus der Mühle
40 g Butter
40 g Mehl
500 ml Milch
1 Prise frisch geriebene Muskatnuss

- Zwiebeln ca. 10 Min. in Salzwasser kochen.
- Für die Béchamelsauce Butter in einem Topf zerlassen, Mehl auf einmal hinzufügen und unter Rühren anschwitzen.
- Milch nach und nach mit einem Schneebesen unter kräftigem Schlagen hinzufügen und aufkochen lassen. Mit Salz, Pfeffer und Muskat würzen.

- Sauce weitere ca. 10 Min. bei geringer Hitze köcheln lassen, zwischendurch öfter umrühren und zum Schluss noch einmal abschmecken.
- Zwiebeln abtropfen lassen und mit dem Pürierstab zu einem cremigen Mus verarbeiten.
- Mit der Béchamelsauce verrühren und noch einmal abschmecken.

Tipp

Alternativ kann man dieses Püree auch *à la normande* aus Äpfeln und Kartoffeln (im Verhältnis 1 : 1) zubereiten.

Beim Erntefest bei Semur-en-Vallon in der Sarthe

Brochettes de bœuf tendre avec fricot d'artichauts

Zarte Rinderspieße mit geschmorten Artischocken

Rinderspieße

Zutaten für 4 Portionen:
600 g Rindfleisch (Rumpsteak oder Lendenstück), in mundgerechte, gleich große Stücke zerteilt
2 frische Lorbeerblätter
1 Stängel frischer Thymian
25 cl Cognac
5 EL Öl und Öl zum Anbraten
1 TL Weinessig
Tomaten, braune Champignons, Paprikas und/oder Zwiebeln, gewürfelt
Holzspieße

- Fleisch mit Lorbeer und Thymian in eine Schüssel geben, mit Cognac, Öl und Essig begießen und mehrere Std. zugedeckt marinieren. Ab und zu umrühren.
- Fleisch abtropfen lassen. Fleisch und Gemüsewürfel abwechselnd auf Spieße stecken.
- Öl in eine Pfanne geben und Spieße von allen Seiten anbraten.

Geschmorte Artischocken

Zutaten für 4 Portionen:
2 kg kleine violette Artischocken
Saft von 1 Zitrone
4 EL Olivenöl
2 Zwiebeln, fein gewürfelt
150 g Speck, gewürfelt
Salz, Pfeffer aus der Mühle
2 frische Lorbeerblätter

- Stiele der Artischocken unmittelbar unter dem Blütenkopf abbrechen. Artischocken von den härteren äußeren Blättern befreien, Spitzen abschneiden und Herzen halbieren.
- Artischocken mit Zitronensaft beträufeln und in eine Schüssel mit kaltem Wasser legen.

- In einem Schmortopf Öl erhitzen. Zwiebeln und Speck darin dünsten.
- Artischocken abtropfen lassen, zugeben und umrühren.
- Salzen, pfeffern und Lorbeer hinzufügen.
- 1 Glas Wasser angießen und bei aufgelegtem Deckel 30–35 Min. garen.

Meine Urgroßmutter Ida mit einer Nichte auf der Türschwelle ihres Hauses in Segonzac

Sorbet au melon

Melonensorbet

Zutaten für 8 Portionen:
1,5 kg Melone, in kleine Stücke geschnitten
200 g Puderzucker

- Melonenstücke für ca. 12 Std. in eine mit Küchenpapier ausgelegte Auflaufform in den Kühlschrank stellen, um ihnen Wasser zu entziehen.
- Melonenstücke mit Puderzucker vermischen und pürieren.
- Püree ins Kühlfach stellen und in den ersten 3 Std. einmal pro Std. mit einer Gabel umrühren.
- In flachen Schälchen oder Sektschalen servieren.

Tipp
Bei einem mehrgängigen Essen eignet sich ein Sorbet bestens als erfrischender Zwischengang.

Mein Bruder Jean-Luc und ich

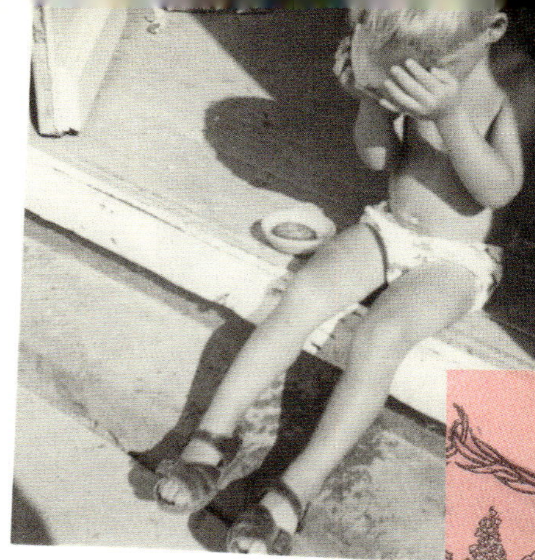

Confiture de mûres sauvages

Wildbrombeermarmelade

Zutaten für 3 Marmeladengläser à 375 g:
1 kg Wildbrombeeren
Saft von 1 kleinen Zitrone
800 g Zucker

Hier verschwindet mein Bruder fast in seinem Milchschälchen

- Brombeeren und Zitronensaft vermischen.
- Zucker mit 25 ml Wasser in einen Topf geben und bei geringer Hitze unter Rühren erhitzen.
- Wenn sich der Zucker aufgelöst hat, Flüssigkeit zum Kochen bringen.
- Brombeeren hinzufügen und das Ganze erneut zum Kochen bringen.
- Abschäumen und bei starker Hitze kochen, bis die Masse in dicken Tropfen vom Kochlöffel fällt.
- Früchte mit einem Schaumlöffel aus dem Sirup heben und in eine Schüssel geben.
- Sirup bei mittlerer Hitze eindicken lassen.
- Nach ca. 10 Min. Brombeeren wieder dazugeben, nochmals aufkochen lassen, immer wieder abschäumen und etwa 5 Min. kochen, bis die Brombeeren im Sirup versinken.
- Die Masse sofort bis an den Rand in zuvor heiß ausgespülte Marmeladengläser füllen. Gläser fest zuschrauben und auf den Kopf stellen, bis die Marmelade vollständig erkaltet ist.

Meine Mutter und ich im Liegestuhl

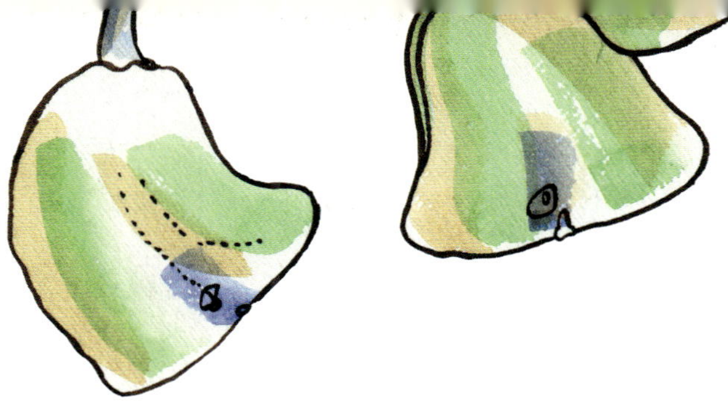

Septembre

September

Le superbe été indien à la campagne

Altweibersommer auf dem Land

9

Bevor uns Mitte September *la rentrée* nach Paris zurückrief und es Zeit wurde, Abschied zu nehmen vom Sommer und von unseren Freunden, genossen wir in vollen Zügen, was der Spätsommer uns bot. So z.B. die Inselpicknicks mit Évelyne und Alain, die ein reizendes Häuschen mit blauen Fensterläden inmitten von Feldern bewohnten. Um zu ihrem See zu gelangen, musste man nur ein Gartentörchen hinter ihrem Haus öffnen. Eine kleine Brücke führt zu der Insel, auf der eine majestätische Trauerweide ihre langen Arme ausbreitet. Dort saßen wir dann im Schatten der Bäume und tranken Évelynes herrlichen gekühlten Cidre.

Sie kelterte ihn aus den Äpfeln der unzähligen Bäume, die auf ihrem Grundstück stehen. Nachdem sie die Äpfel in riesigen Zinkwannen gewaschen hatte, brachte sie sie zu einer der nahe gelegenen Mostereien. Hundert Kilo Früchte ergeben rund achtzig Liter Saft. Dem Saft setzte Évelyne Hefe zu, die den Zucker zu Alkohol und Kohlensäure vergor und die später wieder entfernt wurde. Évelynes Cidre ist *demi-sec*, enthält also etwas weniger Zucker als *cidre doux*. Wir mochten den etwas herben Geschmack und freuten uns jedes Mal, wenn sie eine Flasche neuen Apfelwein, der ein Jahr lagern muss, aus dem Keller holte.

Früher machte man in der Loire-Region nicht nur seinen Cidre, sondern auch seinen Wein stets selbst. Nur wenige Familien besaßen keine Weinpresse. In dieser Gegend reift der Wein in den kühlen *troglos* – großen unterirdischen Höhlen, die in den Felsen gehauen wurden. Nach der Reblausplage, die in der zweiten Hälfte des 19. Jahrhunderts beinahe die gesamte Weinwirtschaft Frankreichs – so auch der Loire – vernichtete, kam die Bevölkerung auf die Idee, aus einem Teil der Höhlen *champignonnières* zu machen und in ihnen *champignons de Paris* zu ziehen. Paris an der Loire? Ursprünglich wurden die braunen Pilze in der Gegend um Paris gezüchtet, doch unweit unseres Landhauses in Le Puy-Notre-Dame im Departement Loire entstand später das größte Anbaugebiet Frankreichs mit bis zu sechzig Tonnen Champignons täglich.

Das kleine Landhaus von Évelyne und Alain

Papa begeisterte sich für die insgesamt 120 Kilometer langen unterirdischen Gänge, in denen die zarten Köpfe, auf Kompost und Stroh gebettet, in Kisten oder auf Säcken unter den strengen Augen ihrer Hüter gediehen. Papa bedauerte, dass man die *champignonnières* nicht besichtigen konnte. So musste er sich damit begnügen, mit den Frauen, die dort arbeiteten, über die optimale Größe der Pilze und den besten Erntezeitpunkt zu fachsimpeln. *On aime les bonnes choses en France!*

Spätsommervergnügen am See

Figues fraîches au fromage de chèvre frais

Feigen mit Ziegenfrischkäse

Zutaten für 4 Portionen:
400 g milder Ziegenfrischkäse
150 g Crème fraîche
Salz, Pfeffer aus der Mühle
12 frische Feigen
12 frische Basilikumblätter zum Garnieren

- Käse und Crème fraîche verrühren. Mit Salz und Pfeffer abschmecken.
- Feigen kreuzförmig aufschneiden und Käsecreme auf ihnen verteilen.
- Mit Basilikum verzieren. Dazu passt Baguette.

Petits pains des vignerons avec anchoïade

Oliven-Speck-Brötchen mit Anchovispaste

Mein Bruder Jean-Luc

Brötchen
Zutaten für 12 Stück (6 Portionen):
1 TL Butter
100 g Speck, gewürfelt
100 g Hefe
350 ml Rotwein
600 g Mehl
½ TL Salz
2 EL Olivenöl

- Butter in einer Pfanne zerlassen. Speck darin anbraten. Speck abtropfen lassen und beiseitestellen.
- Hefe in eine Schüssel bröckeln. Rotwein zugeben und mit einem Schneebesen schlagen.

Mit dem Ruderboot auf Évelynes und Alains See

- Mehl in eine andere Schüssel geben. In die Mitte eine Mulde drücken, Hefe und Wein hineingeben. Ca. 10 Min. lang kneten.
- Salz und Öl sowie Speckwürfel hinzufügen und weitere ca. 5 Min. kneten.
- Eine Teigkugel formen und in eine bemehlte Schüssel legen. Mit einem Tuch zugedeckt ca. 45 Min. bei Zimmertemperatur gehen lassen.
- Den aufgegangenen Teig in 12 Stücke zerteilen und Brötchen von ca. 12 cm Länge formen.
- Brötchen auf ein mit Backpapier belegtes Backblech legen, mit einem Tuch bedecken und weitere ca. 45 Min. gehen lassen.
- Brötchen mit einem scharfen Messer längs einschneiden und im vorgeheizten Backofen bei 220 °C (Umluft: 200 °C) 12–15 Min. backen. Mit Anchovispaste (s.u.) bestrichen servieren.

Anchovispaste

Zutaten für 6 Portionen:
8–10 gesalzene und entgrätete Anchovis
3 Knoblauchzehen, zerdrückt
10 EL Olivenöl

- Anchovis mit Knoblauch und Öl in einen Topf geben, rühren und langsam erhitzen.
- Die Mischung mit einer Gabel zerdrücken und als Belag auf die Oliven-Speck-Brötchen geben.

Tipp
Man kann die Brötchen mit oder ohne die Paste als *apéritif normand* mit Cidre oder Calvados servieren. Calvados, der bis zu 72 % Alkohol enthält, wird aus Cidre hergestellt, der einen Alkoholanteil von höchstens 6 % hat. Seine schöne Farbe erhält der Calvados durch die zweistufige Destillierung und die Lagerung in Eichenholzfässern. Die Paste stammt ursprünglich aus der Provence und wird gern an Heiligabend gegessen. Sie schmeckt auch lecker mit gestiftetem rohem Gemüse.

Blaue Farbtupfer an Évelynes und Alains Landhaus

Velouté de champignons

Pilzcremesuppe

Pilzfond

Zutaten für 4 Portionen:
250 g beliebige Pilze, geputzt und geviertelt
ein paar getrocknete Steinpilze
4 Karotten, geschält und in Stücke geschnitten
2 Lauchstangen, in Stücke geschnitten
1 Stange Staudensellerie, in Stücke geschnitten
Salz
Nelken nach Belieben

- Alle Zutaten in reichlich Wasser (so, dass die Zutaten gut bedeckt sind) fast 1 Std. köcheln lassen und dann sieben. Der Fond lässt sich einfrieren und später verwenden.

Suppe

Zutaten für 4–6 Portionen:
2 EL Butter
1 Schalotte, fein gehackt
300 g frische Pilze, z.B. Steinpilze, braune Champignons, Pfifferlinge, geputzt und geviertelt
1 Prise gemahlener Wacholder
1 TL fein gehackter frischer Thymian
½ TL Salz
1 TL Pfeffer aus der Mühle
120 ml trockener Weißwein
60 g Crème double, geschlagen

- Butter in einem Topf zerlassen. Schalotte zugeben und 4–5 Min. braten.
- 270 g Pilze zugeben. Mit Wacholder, Thymian, Salz und Pfeffer würzen und 3–4 Min. weiterbraten. Pilze mit der beim Braten entstandenen Flüssigkeit in ein Gefäß umfüllen und beiseitestellen.
- Wein in den Topf gießen und Bratensatz mit einem Kochlöffel lösen. Ca. 2 Min. kochen.

- 750 ml Pilzfond und 250 ml Wasser hinzufügen und Pilze mitsamt Flüssigkeit wieder in den Topf geben. Ohne Deckel ca. 15 Min. köcheln lassen.
- Mit dem Pürierstab pürieren, anschließend durch ein Sieb streichen.
- Crème double unterziehen. In vorgewärmte Suppentassen füllen und mit den restlichen Pilzen garnieren.

Soupe de courgettes au fromage de chèvre frais

Zucchinisuppe mit Ziegenfrischkäse

Zutaten für 6 Portionen:
Olivenöl zum Anbraten
2 Zwiebeln, grob gewürfelt
2 ungespritzte Zucchini mit Schale, grob gewürfelt
1 Knoblauchzehe, fein gehackt
1 Würfel Gemüsebrühe, in Wasser aufgelöst
Salz, Pfeffer aus der Mühle
1 frisches Lorbeerblatt
4 kleine Ziegenfrischkäse
Saft von ½ Zitrone
frische Basilikumblätter zum Garnieren

- Öl in einem großen Topf erhitzen und Zwiebeln darin dünsten.
- Zucchini, Knoblauch und Brühe hinzufügen. Salzen und pfeffern.
- Mit Wasser bedecken, Lorbeer hinzufügen und ca. 20 Min. bei aufgelegtem Deckel kochen.
- Lorbeer entfernen. Gemüse mit dem Pürierstab pürieren. Frischkäse und Zitronensaft hinzufügen und weiterpürieren.
- In Suppenteller füllen und mit Basilikum garnieren.

Tipp
Die Suppe schmeckt kalt oder warm lecker. Sie können Zitronenscheiben auf den Rand der Teller legen, so dass jeder die Suppe nach Belieben noch selbst abschmecken kann.

Quiche aux champignons de Paris

Champignon-Quiche

Teig

Zutaten für 1 Tarteform (26 cm Ø):
250 g Mehl
1 EL Öl
1 Prise Salz
25 g Butter, in kleine Stücke geschnitten

- Mehl in eine Schüssel geben und in die Mitte eine Mulde drücken. Öl, Salz und Butter in die Mulde geben und alles zu einem Teig verkneten.
- Teig dabei immer wieder mit Wasser befeuchten und mit der flachen Hand kneten.
- Teig zu einer Kugel formen und in Folie gewickelt ½ Tag ruhen lassen.

Belag

4 EL Olivenöl und Olivenöl für die Form
500 g Geflügelleber, fein gewürfelt
10 große braune Champignons, fein gewürfelt
2 Zwiebeln, fein gewürfelt
1 Schalotte, fein gewürfelt
2 EL fein gehackte glatte Petersilie
1 EL fein gehackter Schnittlauch
4 EL Crème fraîche
1 Ei
Salz, Pfeffer aus der Mühle

- Öl in einer Pfanne erhitzen und darin Leber, Champignons, Zwiebeln, Schalotte und Kräuter ca. 10 Min. anbraten.
- Crème fraîche und Ei in einer Schüssel mit einem Schneebesen schlagen.
- Salzen und pfeffern.
- Leber-Zwiebel-Mischung zu der Ei-Mischung geben und beide vermengen.
- Form mit Öl ausstreichen und die Mischung hineingeben.
- Teig ausrollen und auf die Mischung legen. Darauf achten, dass der Teigdeckel fest am Rand der Form anliegt.

- Im vorgeheizten Backofen bei 210 °C (Umluft: 190 °C) ca. 30 Min. backen.
- Form aus dem Ofen nehmen, Quiche sofort stürzen und lauwarm servieren.
- Dazu passt ein grüner Salat mit einer Vinaigrette.

Meine Mutter in unserer Stadtwohnung in Saint-Germain-en-Laye

Rôti de porc en croûte à la vigneronne et pommes mousseline

Schweinekrustenbraten mit Cidresauce und feinem Kartoffelpüree

Braten

Zutaten für 4 Portionen:
1,5 kg Schweinebraten
100 g Butter
Salz, Pfeffer aus der Mühle
1 EL Olivenöl
12 Äpfel (z.B. Renette), geschält und entkernt
300 ml Cidre
5 cl Calvados
125 g Crème fraîche

- Fleisch mit der Hälfte der Butter bestreichen, salzen, pfeffern und mit Öl beträufeln. In eine feuerfeste Form legen und im vorgeheizten Backofen bei 180 °C (Umluft: 160 °C) braten.
- Nach ca. 30 Min. Äpfel dazugeben und auf jeden ein walnussgroßes Stück Butter setzen. Mit dem Cidre begießen. Weitere ca. 30 Min. braten.
- Fleisch und Äpfel aus dem Ofen nehmen, abtropfen lassen und zum Warmhalten in Alufolie wickeln. Ofen nicht abstellen.
- Bratensatz mit dem Calvados lösen. Crème fraîche unterrühren und die Form in den Ofen zurückstellen, bis die Sauce leicht zu köcheln anfängt.
- Braten aufschneiden und mit den Äpfeln wieder in die Form geben.

Zum Schweinekrustenbraten passt ein kräftiger Bordeaux

Feines Kartoffelpüree

Zutaten für 4 Portionen:
1 kg Kartoffeln, geschält
Salz
60 g Butter
500 ml Milch
2 Eigelb
1 Prise frisch geriebene Muskatnuss

- Kartoffeln ca. 20 Min. in Salzwasser garen.
- Kartoffeln abtropfen lassen und noch warm mit einer Kartoffelpresse oder dem Pürierstab pürieren.
- Portionsweise Butter, Milch und Eigelb hinzufügen und kräftig schlagen.
- Ggf. nachsalzen und mit Muskat abschmecken.

Foie de veau Soubise avec pommes de terre en purée

Kalbsleber mit Soubisesauce und Kartoffelpüree

Leber

Zutaten für 4 Portionen:
100 g Butter
125 g geräucherter Speck, gewürfelt
600 g Kalbsleber, in feine Streifen geschnitten
Öl zum Anbraten
750 g Zwiebeln, in feine Ringe geschnitten
1 Stängel frischer Thymian
1 frisches Lorbeerblatt
1 Knoblauchzehe, zerdrückt
Salz, Pfeffer aus der Mühle

- Butter in einer Pfanne zerlassen. Speck darin anbraten. Speck aus der Pfanne nehmen und beiseitestellen.
- Leber in derselben Pfanne anbraten. Beiseitestellen.
- Für die Sauce Öl in einem großen Topf erhitzen. Zwiebeln, Kräuter und Knoblauch hinzufügen. Salzen und pfeffern. 1 Std. bei geringer Hitze schmoren.
- Wenn die Zwiebeln weich geworden sind, Leber und Speck darauflegen und nochmals ca. 30 Min. schmoren. Abschmecken.

Kartoffelpüree

Zutaten für 4 Portionen:
1 kg Kartoffeln, geschält
Salz
60 g Butter
500 ml Milch
1 Prise frisch geriebene Muskatnuss

- Kartoffeln in Salzwasser ca. 20 Min. garen.
- Kartoffeln abtropfen lassen und noch warm mit einer Kartoffelpresse oder dem Pürierstab pürieren. Dabei portionsweise Butter und Milch hinzufügen, bis die Masse cremig geworden ist.
- Ggf. nachsalzen und mit Muskat abschmecken.

Couronne des rois aux poires et à la liqueur d'orange

Birnenkuchen mit Orangenlikör

Zutaten für 1 Kranzform (26 cm Ø; 6 Portionen):
150 g Zucker
1 Zimtstange
Saft von ½ Limone
5 Birnen mit Stiel, geschält
½ Zitrone
200 g Mehl
200 g Zucker
1 Päckchen Backpulver (à 8 g)
3 Eier
150 g Crème fraîche
100 g Butter, zerlassen, und Butter für die Form
1 EL Orangenlikör
Puderzucker zum Bestäuben

- Zucker mit 2 l Wasser zum Kochen bringen. Zimt und Limonensaft hinzufügen. Ca. 10 Min. kochen, so dass ein Sirup entsteht. Erkalten lassen.
- Birnen mit der Schnittfläche der Zitrone einreiben, damit sie sich nicht verfärben.
- Birnen in den Sirup legen, mit einem Tuch beschweren, damit sie nicht nach oben steigen. So ca. 15 Min. kochen.
- Für den Teig Mehl, Zucker und Backpulver in einer Schüssel vermischen. Mit den Eiern mit einem Schneebesen schlagen.
- Crème fraîche, Butter und Likör hinzufügen und vermengen.
- Birnen der Länge nach halbieren. Kerngehäuse herausschneiden. Den unteren Teil der Birnen in kleine Stücke schneiden und mit dem Teig vermengen. Den oberen Teil beiseitestellen.
- Teig in die gefettete Form geben. Sie darf bis zu ⅔ voll sein.
- Birnenhälften so in den Teig drücken, dass die Stiele herausschauen.
- Kuchen im vorgeheizten Backofen bei 180 °C (Umluft: 160 °C) ca. 30 Min. backen.
- Vorsichtig stürzen und mit Puderzucker bestäuben.

Octobre

Oktober

Herbstlich gedeckter Tisch im Piquet

Les citrouilles du père Jousse

10

Die Kürbisse des Père Jousse

Père Jousse, der immer verschmitzt lächelnde Bauer, der die Felder um unser Landhaus bestellte, brachte uns im Herbst öfter orangefarbene Kürbisse. Er besaß große Kürbisfelder und bewachte sie in den sechs Monaten zwischen der Aussaat und der Ernte, die von Oktober bis Dezember dauerte, mit Argusaugen. *Citrouilles*, wie sie in Frankreich genannt werden, waren Viehfutter und galten früher als Arme-Leute-Essen. Auf dem Land verarbeitete man sie zu Suppen, Pürees, Tartes und Gratins, und wir genossen das nussartige Aroma des heute so beliebten Gemüses.

Reif waren nun auch die *marrons* in ihren pieksenden Schalen. Am Feldweg zu Le Piquet stehen mehrere hohe Maronenbäume, deren lange Arme sich im Oktober unter der Last der vielen Früchte biegen. Seit Jahrhunderten kultiviert, sind Esskastanienbäume ein Teil der französischen Landschaft geworden. Da ihre Früchte sehr nahrhaft sind, spielten sie in ländlichen Gegenden – zumindest bis Ende des 14. Jahrhunderts – in der Ernährung eine zentrale Rolle. In den Cevennen nennt man sie daher *arbres à pain* – Brotbäume.

Die schweren, glänzenden Kastanien gelten gegrillt, gekocht, als Suppe, Püree (zu Wildschwein oder Hase), Flan, Kuchen, Dessert (mit Schokolade), Konfitüre und Likör als große Leckerei. Uns schmeckten sie pur am besten. Wir garten die kleinen braunen Früchte in einer speziellen löchrigen Maronenpfanne über dem Kaminfeuer und liebten die knackenden Geräusche, die sie dabei machten.

Zurück in Saint-Germain-en-Laye begegneten wir dann im Park dem alten Mann, der seine Esskastanien mit den Worten *Chauds, les marrons, chauds!* anpries. Wir aber waren noch gesättigt von den eigenen, die wir am Wochenende gesammelt und gegessen hatten. *Douce mélancolie!*

Bauer Père Jousse mit meinem Vater im Gespräch

»C'est le soleil d'août
qui donne aux pommes leur goût.«
Französisches Sprichwort

Erntefrüchte: Esskastanien, Äpfel und Kürbisse

Soupe au potiron et au bleu de Bresse

Kürbissuppe mit Bresse-Bleu-Käse

Zutaten für 4 Portionen:
120 g Butter
1 Zwiebel, fein gehackt
500 g Kürbis, entkernt, von den Fasern befreit und in große Stücke geschnitten, z.B. Musquée de Provence
100 g Kartoffeln, geschält und in große Stücke geschnitten
200 ml Milch
600 ml Geflügelfond
1 Prise frisch geriebene Muskatnuss
½ TL Zitronensaft
Salz
200 g Sahne
50 g Bresse-Bleu-Käse
3 Scheiben Baguette, in Würfel geschnitten

- Die Hälfte der Butter in einem Topf zerlassen. Zwiebel darin dünsten.
- Kürbis und Kartoffeln hinzufügen. Milch und Fond dazugießen und das Ganze bei aufgelegtem Deckel kochen, bis das Gemüse weich ist.
- Das Ganze durch ein Sieb in einen zweiten Topf streichen.
- Mit Muskat, Zitronensaft und Salz abschmecken.
- Sahne unterrühren und Suppe nochmals aufkochen lassen.
- Käse in die Suppe krümeln und verrühren.
- Restliche Butter in einer Pfanne zerlassen. Baguettewürfel darin rösten. Croûtons separat zur Suppe reichen.

Meine Cousine Christine und ich beim Cidretrinken mit Bauer Père Jousse

Kleine Rast am großen Baum:
Mamie und ich bei einem Herbstspaziergang

Pâté maison

Pastete nach Art des Hauses

Zutaten für ca. 2 kg:
(ca. 48 Std. im Voraus zuzubereiten)

1 kg Schweineleber, fein gehackt
1 kg Schweinekeule, fein gehackt
1 kg Rückenspeck, fein gehackt
30 cl Armagnac
Zehen von 1 kleinen Knoblauchknolle, fein gehackt
15 g fein gehackte glatte Petersilie
2 EL schwarze Pfefferkörner, fein gemahlen
2 EL Wacholderbeeren, fein gemahlen
1 Prise frisch geriebene Muskatnuss
4 EL Salz
1 Stück Schweinenetz (25 x 30 cm), alternativ frischer Rückenspeck
(0,5 cm dicke Scheibe vom selben Format)
400 g Mehl

- Fleisch, Speck, Armagnac, Knoblauch, Petersilie, Pfeffer, Wacholder, Muskat und Salz vermischen.
- Eine kleine Portion anbraten und Würze testen. Ggf. nachwürzen.
- Form so mit dem Schweinenetz (oder Rückenspeck) auskleiden, dass es an den Seiten überhängt.
- Masse in die Form geben und mit dem überhängenden Schweinenetz abdecken.
- Mehl und 150 ml Wasser zu einer Paste verrühren und den oberen Rand der Form damit bestreichen. Deckel auf die Form setzen.
- Form in einen größeren Topf oder Bräter stellen und diesen mit heißem Wasser füllen.
- Pastete im vorgeheizten Backofen bei 180 °C (Umluft: 160 °C) 2½ Std. garen, bis klarer Fleischsaft austritt, wenn man mit einem Messer hineinsticht.
- Pastete aus dem Ofen nehmen und Fleischsaft vollständig abgießen. Ggf. einen Teller o. Ä. auf die Pastete drücken.

- Pastete abkühlen lassen und mit einem Gewicht beschwert bis zu 24 Std. im Kühlschrank ruhen lassen. Gewicht entfernen und Deckel wieder auf die Form setzen.
- Zum Servieren Pastete in 1–2 cm dicke Scheiben schneiden und mit geröstetem Brot oder Baguette servieren.

Potée de porc aux légumes

Eintopf mit Gemüse und gepökeltem Schweinefleisch

Mit knapp sieben

Zutaten für 4 Portionen:
500 g gepökeltes Schweinefleisch
6 kleine Suppenwürste
100 g geräucherter Speck, grob geschnitten
1 kleiner Weißkohl, grob geschnitten
250 g Teltower Rübchen, geschält
250 g kleine Karotten, geschält
1 Zwiebel, geschält
1 Bouquet garni (s. S. 26), grob geschnitten
4 Pfefferkörner
500 g kleine runde Kartoffeln, geschält

- Fleisch, Würste und Speck in einen Topf geben und mit 2 l Wasser bedecken. Zum Kochen bringen.
- Kohl, Rübchen, Karotten, Zwiebel, Bouquet garni und Pfeffer hinzufügen und 1½ Std. köcheln lassen.
- Kartoffeln zugeben und weitere ca. 40 Min. köcheln lassen.
- Gemüse und Fleisch aus dem Topf nehmen und abtropfen lassen.
- In eine flache Schüssel unten den Kohl, darauf in die Mitte Fleisch, Würste und Speck legen und darum herum das restliche Gemüse anrichten.

Tipp
Die Kochflüssigkeit kann man durch ein Sieb gießen und als Grundlage für eine Suppe aufheben.

Poularde au foin dans sa citrouille servie avec une sauce à l'œuf cassé

Poularde mit Eiersauce, serviert in einem Kürbis

Huhn

Zutaten für 4 Portionen:

1 große Scheibe Brot
2 Knoblauchzehen, zerdrückt
100 g Butter zum Rösten
1 großer, 3–4 kg schwerer Kürbis, ausgehöhlt
3–4 Handvoll Heu (genug, um den Kürbis damit zu füllen)
1 Poularde
Salz, Pfeffer aus der Mühle
4 Stängel frischer Thymian
2 EL Gänseschmalz

- Brot von beiden Seiten mit Knoblauch bestreichen. Butter in einer Pfanne zerlassen und Brot darin rösten.
- Kürbis mit Heu füllen.
- Huhn säubern, mit Salz einreiben. Thymian und Brot in das Huhn legen.
- Schmalz in einem großem Topf zerlassen und Poularde darin von allen Seiten jeweils ca. 15 Min. goldbraun anbraten.
- Poularde in den Kürbis setzen. Diesen mit Alufolie umwickeln.
- Im vorgeheizten Backofen bei 180 °C (Umluft: 160 °C) ca. 30 Min. backen. Das Heu gibt der Poularde ein besonderes Aroma.
- Poularde aus dem Ofen nehmen, Alufolie entfernen und Poularde und Sauce (s.u.) separat servieren. Dazu passen Kartoffeln.

Sauce

Zutaten für 4 Portionen:

5 Eier, weich gekocht (ca. 2 Min.) und gepellt
Saft von 1 Zitrone
150 g Crème fraîche
2 Bund Schnittlauch, fein gehackt
1 Bund frischer Estragon, fein gehackt
Salz, Pfeffer aus der Mühle

*Zeit seines Lebens Pfeifenraucher:
mein Vater Jean-Pierre*

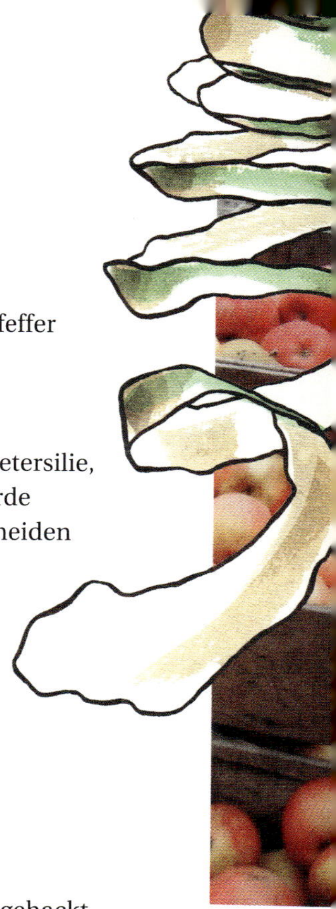

- Eier grob mit einer Gabel zerdrücken.
- Alle restlichen Zutaten hinzufügen, verrühren und mit Salz und Pfeffer abschmecken.

Tipp
Eine selbst gemachte Kräuterbutter aus 250 g gesalzener Butter, Petersilie, Estragon und Kerbel, vor dem Anbraten unter die Haut der Poularde gestrichen, gibt ihr ein besonderes Aroma. Dafür die Haut einschneiden und leicht anheben.

Pommes au four à la mode de Mamie

Bratäpfel nach Art meiner Großmutter

Zutaten für 6 Portionen:
7 Äpfel, geschält und die Kerngehäuse ausgestochen, davon 1 fein gehackt
6 getrocknete Feigen, fein gehackt
Saft von ¼ Zitrone
6 EL Butter
Vanillezucker zum Bestreuen

- Fein gehackten Apfel, Feigen und Zitronensaft vermischen.
- Äpfel mit der Masse füllen. Etwas Wasser daraufgeben.
- Äpfel rundum mit Butter bestreichen und mit Vanillezucker bestreuen.
- Äpfel in eine ofenfeste Form stellen und im vorgeheizten Backofen bei 200 °C (Umluft: 180 °C) ca. 30 Min. braten. Ab und zu mit dem entstehenden Sirup begießen. Zwischendurch mit einem Metallstäbchen die Garprobe machen.

Tipp
Bratäpfel in vielen Variationen, ob mit getrockneten Früchten oder ohne, sind ein einfaches und in Frankreich beliebtes Dessert, das es nicht nur – wie in Deutschland – hauptsächlich in der Weihnachtszeit gibt, sondern schon ab der Apfelernte.

11

Novembre

November

Der fahrende Fischhändler mit seinem alten Kastenwagen

Loïc, le poissonnier ambulant

Loïc, der fahrende Fischhändler

Unser Freund Loïc war fahrender Fischhändler – ein Beruf, den es heute im Zeitalter der Großhändler, Supermärkte und Telefondealer kaum noch gibt. Loïc, dessen Familie diese Tätigkeit schon seit Generationen ausübt, bot seine Ware am Straßenrand in einem alten Kastenwagen feil. Wie viele seiner Kollegen in der Provinz hatte sein Großvater sich die Fische im Ganzen, die die Hausfrauen selbst ausnahmen, noch per Eisenbahn liefern lassen und sie mit Handkarren in das eigene große Kühlhaus geschafft. Loïc aber fuhr dienstags und donnerstags um Mitternacht nach Paris Rungis.

Rungis wurde 1968, nach dem Abriss der gusseisernen »Halles«, die Émile Zola in seinem Roman *Der Bauch von Paris* verewigt hat, zum größten Umschlagplatz für Obst, Gemüse, Fisch, Fleisch, Milchprodukte usw. Montags war Rungis wie fast alle Geschäfte in Frankreich geschlossen. An den anderen Tagen wurde der Fisch um 22 Uhr direkt von den dreißig Atlantikhäfen, wie beispielsweise Saint-Malo, Lorient, Les Sables, Arcachon oder La Rochelle, hierhergebracht und ausgeladen. Nachts um zwei begann der Verkauf, begleitet vom Geschrei der Händler, das für die Hallen so typisch ist. Loïc erzählte gern, dass er von den auf Eis liegenden Seezungen, Kabeljauen und Heilbutten die schönsten Exemplare aussuchte und über ihren Preis verhandelte. Von der Kiemenrötung über die Festigkeit des Fleisches bis zu Augen und Geruch – alles wurde geprüft, wie es die Händlerehre verlangte. Dann reichte Loïc dem *commis*, der über die Kisten mit Fischen wachte, seine grünen Auftragszettel mit der Auflistung der Fische, die er kaufen wollte. Um vier Uhr klingelte die große Glocke, dann mussten die Fischkisten, Algenkörbe, Zitronen und Petersiliensträuße in den Kleinlastern verstaut sein. Nach getaner Arbeit traf Loïc sich müde, aber stolz auf sein Tagwerk und froh über Gesellschaft mit Metzgern und Gemüsehändlern im Restaurant La Marée.

Samstags fuhr er, um lebende Fische zu besorgen, direkt zum Hafen von Caen zur *criée*, der geräuschvollen Fischauktion. Im November, vor den großen Weihnachtsbestellungen, hatte er manchmal Zeit, um uns danach spontan zu besuchen. Dann brachte er uns einen Korb frischer Meeresfrüchte und Fische mit, die wir gleich gemeinsam zubereiteten. Wie viel Spaß wir

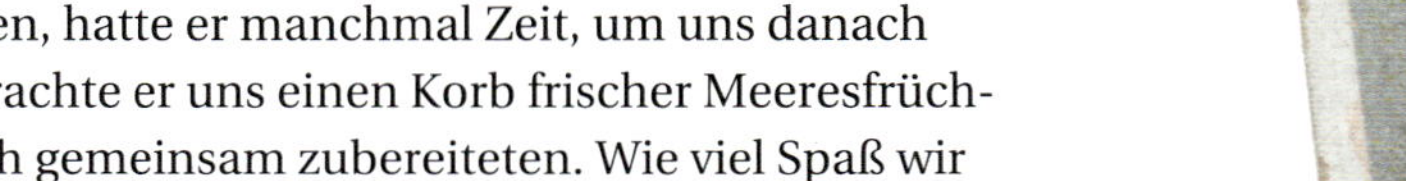

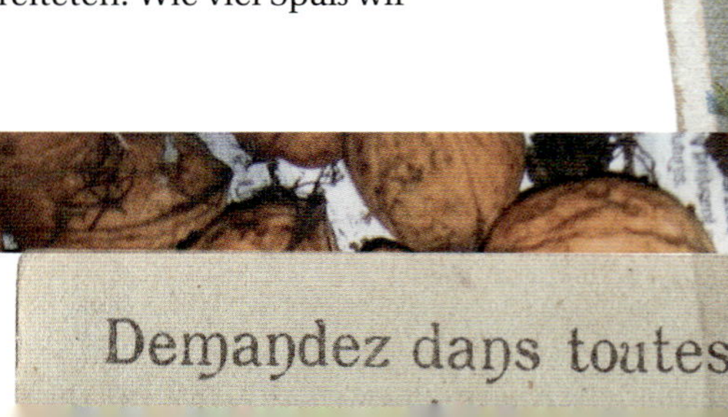

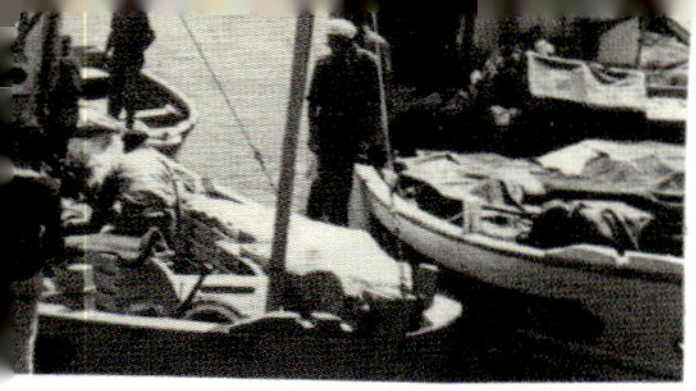

hatten, wenn alle zusammen in der Küche saßen, Loïc von seinen »Fängen« und Abenteuern am Hafen oder in Rungis erzählte, den einen oder anderen Zubereitungstipp gab und wir die Fischgerichte schließlich mit ihm und seiner Frau bei einem leckeren Wein genossen! Blieb etwas übrig, so bereiteten wir am nächsten Tag ein Fischsoufflé zu, dessen Rezept uns Loïc anvertraut hatte. *Heureux comme des poissons dans l'eau!*

In diesem Atlantikhafen suchte Loïc seinen fangfrischen Fisch aus

Salinen in der Bretagne

»La pomme de terre, le légume de la cabane et du château.« Louis de Cussy

In Salz eingelegte Fische bot Loïc gerne in Holzringen an

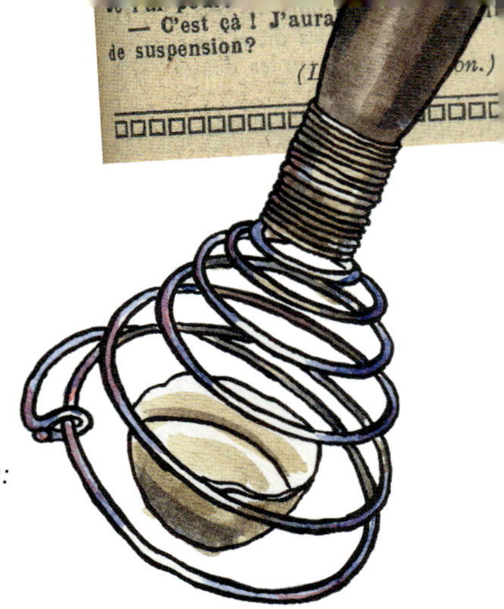

Soufflé de poisson

Fischsoufflé

Zutaten für 1 runde Souffléform (24 cm Ø; 2–4 Portionen):
50 g Butter
70 g Mehl
300 ml Milch
Salz, Pfeffer aus der Mühle
1 Prise frisch geriebene Muskatnuss
200 g Fischfilet, weich gekocht und in grobe Stücke geschnitten
5 Eier, getrennt

- Für die dicke Béchamelsauce Butter in einem Topf zerlassen, Mehl auf einmal hinzufügen und unter ständigem Rühren anschwitzen.
- Milch unter kräftigem Schlagen mit einem Schneebesen nach und nach hinzufügen und aufkochen lassen. Mit Salz, Pfeffer und Muskat würzen.
- Weitere ca. 10 Min. bei geringer Hitze köcheln lassen, zwischendurch öfter umrühren und zum Schluss noch einmal abschmecken.
- Fisch mit der Sauce vermischen. Eigelb verschlagen, hinzufügen und verrühren.
- Eiweiß steifschlagen und vorsichtig unterheben. In die Form füllen und im vorgeheizten Backofen bei 200 °C (Umluft: 180 °C) ca. 45 Min. backen. Zwischendurch die Ofentür nicht öffnen, damit das Soufflé nicht zusammenfällt.
- Dazu passt – wie auch zu anderen Soufflés – ein grüner Salat mit einer Vinaigrette.

Mamie mit meinem Bruder Jean-Luc

Der tosende Atlantik

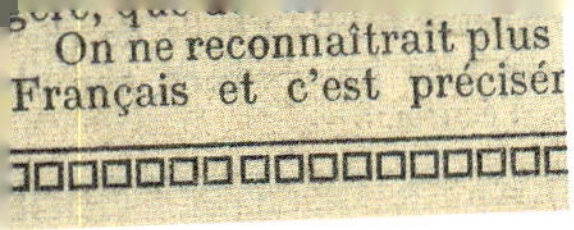
On ne reconnaîtrait plus
Français et c'est précisé

Meine Großmutter an ihrer geliebten Charente-Küste

Carrés de poireaux au gruyère

Blätterteigtaschen mit Lauch-Gruyère-Füllung

Zutaten für 6 Portionen:
1 EL Öl
30 g Butter
4 kleine Lauchstangen, in 1 cm dicke Scheiben geschnitten
280 g Zwiebeln, fein gehackt
1 Knoblauchzehe, fein gehackt
½ TL fein gehackter frischer Thymian
Salz, Pfeffer aus der Mühle
2 EL Crème fraîche, flüssig geschlagen
150 g geriebener Gruyère
12 Blätterteigplatten, ca. 30 cm lang

- Öl und die Hälfte der Butter in einer Pfanne erhitzen. Lauch, Zwiebeln, Knoblauch und Thymian hinzufügen. Mit Salz und Pfeffer abschmecken und ca. 12 Min. anbraten und köcheln lassen. Dabei ab und zu umrühren.
- Crème fraîche hinzufügen, umrühren und weitere ca. 3 Min. köcheln lassen.
- Lauchmasse in einer Schüssel beiseitestellen und etwas abkühlen lassen.
- Gruyère hinzufügen, umrühren und Masse ca. 30 Min. im Kühlschrank abkühlen lassen.
- Blätterteigplatten auslegen und Lauchmasse daraufgeben. Zusammenklappen, so dass kleine Päckchen entstehen. Kanten fest zusammendrücken.
- Päckchen auf ein mit Backpapier belegtes Backblech legen.
- Restliche Butter in einem kleinen Topf zerlassen. Lauchtaschen damit bepinseln.
- Taschen im vorgeheizten Backofen bei 180 °C (Umluft: 160 °C) ca. 30 Min. backen. Mit einem grünen Salat servieren.

Vaterliebe

Daube de bœuf

Rinderschmorbraten

Zutaten für 6 Portionen:
Öl zum Anbraten
200 g Speck, gewürfelt
1 kg Rindfleisch (mageres Schulterstück oder Nuss), grob zerteilt
4 EL Mehl
4–5 Zwiebeln, grob gewürfelt
3–4 Knoblauchzehen, grob gehackt
750 g Karotten, in dicke Scheiben geschnitten
200 g grüne Bohnen
1 l trockener Rotwein
10 cl Cognac
1 Stängel frischer Thymian
1 frisches Lorbeerblatt
Salz, Pfeffer aus der Mühle
3 EL grob gehackte glatte Petersilie

- Öl in einem Topf erhitzen und Speck darin anbraten.
- Fleisch hinzufügen, mit Mehl bestäuben und von allen Seiten goldgelb braten. Herausnehmen und beiseitestellen.
- Zwiebeln und Knoblauch in den Topf geben und anbraten. Karotten und Bohnen sowie so viel Wasser hinzufügen, dass sie gut bedeckt sind. Köcheln lassen.
- In einen anderen Topf Wein und Cognac gießen und bei aufgelegtem Deckel zum Kochen bringen.
- Fleisch wieder in den ersten Topf geben. Erhitzten Alkohol hinzufügen. Fleisch und Gemüse müssen gut bedeckt sein. Ggf. Wasser zugeben.
- Mit Thymian und Lorbeer sowie Salz und Pfeffer würzen.
- Bei aufgelegtem Deckel 2–3 Std. köcheln lassen. Ab und zu umrühren und, sollte die Flüssigkeit Fleisch und Gemüse nicht bedecken, mit weiterem Rotwein begießen.
- Vor dem Servieren nochmals abschmecken und mit Petersilie bestreuen. Mit Salzkartoffeln servieren oder dem Braten 20–30 Min. vor Ende der Garzeit Kartoffeln und dicke Bohnen beigeben.

R
ÉVIAN. — L'É
Consulter le GUIDE POL
Demandez
votre librai
6, rue
NORD
Pierre levée
Molleron
la Durandière
le Pible
la Garlière
la Cotinière
le Treuil Foucaud
les Tricolles
Marais doux
Colombier
Rocher de Langree
Dolus
la Remigasse
le Treuil
Tartifume
Beaurepaire
la Rousselière
ISLE OLERON
le Bry
COMPAGNIE DE NAVIGATION MIXTE
PAQUEBOTS-POSTE FRANÇAIS — MARSEILLE

Tourte de pommes de terre avec endives et noix

Herzhafter Kartoffelkuchen mit Chicoréesalat

Kartoffelkuchen

Zutaten für 1 hohe, runde Form mit abnehmbarem Rand (26 cm Ø; 6 Portionen):

3,5 kg Kartoffeln, geschält und in sehr dünne Scheiben geschnitten
2 l Milch
1 Stängel frischer Thymian
1 Bund glatte Petersilie, fein gehackt
1 frisches Lorbeerblatt
3 Knoblauchzehen, fein gehackt
500 g Blätterteig
Salz, Pfeffer aus der Mühle
1 Ei, verschlagen
400 g Crème fraîche
1 EL Armagnac

- Am Vortag Kartoffeln in Milch, Thymian, Petersilie, Lorbeer und Knoblauch einlegen und im Kühlschrank über Nacht ruhen lassen. Abtropfen lassen.
- ¾ des Blätterteigs mit einem Nudelholz dünn ausrollen und die Form vollständig damit auskleiden. Rand überstehen lassen.
- Kartoffeln schichtweise bis zum Rand hineinfüllen. Jede Schicht salzen und pfeffern.
- Milchmischung auf die Kartoffeln geben und überstehenden Teig auf die oberste Kartoffelschicht drücken.
- Aus dem restlichen Teig eine runde Teigplatte als Deckel ausrollen. Auflegen und fest andrücken. Mit einem Teil des Eis die Ränder miteinander verkleben und den Teig bepinseln. Mit der Spitze eines Messers ein Wellenmuster in den Teig ritzen.
- Mit einem Messer in die Mitte des Kartoffelkuchens ein 2 cm großes Loch bohren. Ein zusammengerolltes Stück Backpapier hineinstecken. So kann beim Backen der Dampf wie aus einem Schornstein entweichen.
- Kartoffelkuchen für ca. 30 Min. in den Kühlschrank stellen.
- Mit dem restlichen Ei bepinseln und im vorgeheizten Backofen bei 220 °C (Umluft: 200 °C) 1 Std. backen. Nach ca. 50 Min. den Rand der Form entfernen, damit der Kartoffelkuchen auch an den Seiten Farbe annimmt.

- Crème fraîche und Armagnac verrühren, in einen Topf geben und langsam erhitzen.
- 10 Min. vor Ende der Garzeit Armagnac-Crème in die Backpapieröffnung geben.
- Den Kuchen lauwarm mit Chicorée-Salat (s.u.) servieren.

Salat

Zutaten für 6 Portionen:
½ TL Salz
1 EL Essig
½ EL Senf
4 EL Öl
frische Kräuter nach Belieben, gehackt
1 Schalotte, gehackt
Pfeffer aus der Mühle
500 g Chicorée, in 1 cm dicke Ringe geschnitten
100 g Walnüsse, grob gehackt

Hafen in der Normandie

- Für die Vinaigrette Salz in Essig auflösen.
- Senf, Öl, Kräuter, Schalotte und Pfeffer untermischen.
- Vinaigrette über den Chicorée gießen und den Salat mit Walnüssen garnieren.

Mit knapp sieben Jahren

Camembert sous la cendre

Gebackener Camembert

Zutaten für 4 Portionen:
2 Camemberts (nicht zu reif) in einer Holzschachtel
2 Baguettes, in lange Stücke geschnitten
200 g gesalzene Butter

- Camemberts in ihren Holzschachteln, aber ohne das Papier in die fast erloschene Glut eines Kaminfeuers oder Grills legen. Vollständig mit Asche bedecken und 10–15 Min. backen.
- Brot mit Butter bestreichen.
- Camemberts aus der Asche nehmen. Obere Kruste entfernen und mit dem Brot servieren.

Straßenszene in Cognac

Pain perdu

Süßes Pfannenbrot

Zutaten für 2–3 Portionen:
500 ml Milch
150 g Zucker
2 Eier
400 g Brot vom Vortag, in Scheiben von gleicher Dicke geschnitten
125 g Butter
Vanillezucker oder Zimt zum Bestreuen

- Milch, Zucker und Eier in eine Schüssel geben und schaumig schlagen.
- Brotscheiben hineintunken, aber nicht zu weich werden lassen.
- Butter in einer Pfanne zerlassen. Brotscheiben darin braten.
- Mit Vanillezucker oder Zimt bestreuen und warm servieren.

Kleines Familienfest

Décembre
Dezember

Le dîner de Noël, une fête entre amis

Das Weihnachtsessen, ein Fest unter Freunden

Die Nacht vor dem 25. Dezember verbrachten wir Rousseaus, wie jede französische Familie, mit der *veillée de Noël,* dem Warten auf Weihnachten. Dann saß die ganze Familie beisammen, sang Weihnachtslieder und erzählte sich alte Familiengeschichten, bis es Zeit wurde für den Aufbruch zur Mitternachtsmesse.

Meist hatten wir ein kaltes Buffet aus salzigen und süßen Leckereien vorbereitet, zu dem neben verschiedenen Hors d'œuvre Weihnachtsplätzchen, selbst gemachte Schokoladentrüffeln und das burgundische *pain d'épice* gehörten. Dieses bei uns sehr beliebte Honigbrot backte mein Vater nach einem Rezept aus dem 18. Jahrhundert aus dunklem Mehl, Honig, Zucker und Gewürzen wie Anis, Zimt, Muskat und Nelken.

Da *père Noël* nach Mitternacht durch den Kamin steigt, um die Geschenke zu bringen, durften wir Kinder sie erst nach dem Aufwachen am 25. Dezember öffnen. Das kindliche Glück und die Fröhlichkeit des Vormittags verbanden sich am Weihnachtstag mit den Vorbereitungen der Erwachsenen für das traditionelle *dîner de Noël.* Es war und ist im Gegensatz zum *réveillon,* der nur im engsten Familienkreis gefeiert wird, ein großes Fest mit Familie und Freunden. Bei uns gestaltete es sich immer zu einem prachtvollen Festmahl, bei dem viele Gänge sowie exzellente Weine und Champagner auf den Tisch kamen. Mein Vater dachte sich jedes Mal eine besondere Menüfolge aus und freute sich darauf, einen vom örtlichen Förster geschossenen Fasan zusammen mit unseren eigenen Esskastanien zuzubereiten oder das Wildschwein aufzutischen, das ein befreundeter Jäger ihm gebracht hatte.

Uns ging es an diesen Tagen gut, und dieses Glück wollten wir mit anderen teilen. Also luden wir manchmal alleinstehende Nachbarn zu uns ein oder deckten für überraschenden Besuch, den es häufiger gab, ein weiteres Gedeck auf. Gastfreundschaft wurde bei uns großgeschrieben. Das *dîner de Noël* dauerte viele vergnügliche, gesellige Stunden, unterbrochen durch Lieder und manch einen lustigen Trinkspruch.

Unsere lange, festlich gedeckte Tafel bog sich unter der Fülle der Speisen. Kredenzt wurden mehrere Vorspeisen, eine Suppe, ein Fisch- und ein Fleisch-

Unsere Freundin Paupaule und meine Eltern

gang sowie ein besonderes Dessert. Mein Vater war in seinem Element und plante bereits das Buffet für Silvester oder eine andere Gelegenheit … Wenn es nach ihm gegangen wäre, hätten wir fröhlich immer so weitermachen können, wenn nur im Januar nicht der Alltag wieder eingekehrt wäre – auch in kulinarischer Hinsicht. Aber erst einmal hieß es: *Joyeux Noël et bonne nouvelle année!*

Weihnachtsfeier mit Familie und Freunden

Meine Eltern, mein Bruder und ich

»La gourmandise commence quand on n'a plus faim.« Alphonse Daudet

Meine Großeltern mit meinem Vater

Faisan aux marrons et raisins à la purée de marrons

Mit Esskastanien und Weintrauben gefüllter Fasan mit Maronenpüree

Fasan

Zutaten für 4 Portionen:
125 g Speck, gewürfelt
250 g Esskastanien, gekocht, geschält und grob zerkleinert
½ Trüffel, gehobelt
200 g kernlose blaue Weintrauben
1 Fasan, küchenfertig
75 g Butter
20 g Mehl
330 ml Madeira
Salz, Pfeffer aus der Mühle
1 Bouquet garni (s. S. 26)

- Speck, Esskastanien, Trüffel und Trauben vermengen.
- Fasan damit füllen und die Öffnung mit Holzspießen verschließen.
- Butter in einem Schmortopf zerlassen. Fasan darin von allen Seiten goldgelb anbraten.
- Fasan mit Mehl bestäuben und mit Madeira ablöschen. Mit Salz und Pfeffer würzen und Bouquet garni in den Topf geben.
- 1¼ Std. bei geringer Hitze bei aufgelegtem Deckel köcheln lassen. Bouquet garni entfernen. Fasan auf einer vorgewärmten Platte anrichten. Bratensaft abschmecken und separat servieren.

Maronenpüree

Zutaten für 4 Portionen:
1 kg kleine Esskastanien
100 g Butter
250 g Zwiebeln, geschält und fein gewürfelt
Salz, Pfeffer aus der Mühle
1 l Gemüsebrühe

- Esskastanien an der Seite der Blüte leicht einritzen und 5 Min. in kochendes Wasser geben.
- Abgießen, die Maronen etwas abkühlen lassen, dann die Schalen und Innenhäute entfernen.
- In einem Topf 50 g Butter zerlassen. Zwiebeln darin glasig dünsten, Esskastanien zufügen. Mit Salz und Pfeffer abschmecken.
- Die Hälfte der Brühe zufügen und 30–35 Min. bei mittlerer Hitze kochen, bis die Maronen weich sind.
- Esskastanien pürieren und nach und nach die restliche Brühe in kleinen Portionen unterrühren.
- Restliche Butter unterrühren und nochmals abschmecken.

Vor dem Festmahl

Ragoût de sanglier

Wildschweinragout

Zutaten für 6 Portionen:
1,2 kg Wildschweinlende, in große Stücke zerteilt
1 große Zwiebel, gewürfelt
1 Gewürznelke
5 Wacholderbeeren
5 Pfefferkörner
5 Stängel frischer Thymian
1 frisches Lorbeerblatt
1 Karotte, in Scheiben geschnitten
500 ml Rotwein
1 EL Gänseschmalz
Salz, Pfeffer aus der Mühle
1 EL Mehl
250 ml Rinderbrühe

- Am Vortag Fleisch mit Zwiebel, Nelke, Wacholder, Pfeffer, Thymian, Lorbeer, Karotten und Wein in einen Topf geben.
- Zugedeckt über Nacht in den Kühlschrank stellen.
- Am nächsten Tag Fleisch aus der Marinade nehmen und abtropfen lassen. Marinade beiseitestellen.
- Schmalz in einem ofenfesten Schmortopf erhitzen und Fleisch bei starker Hitze unter Rühren ein paar Min. scharf anbraten.
- Salzen, mit Mehl bestäuben und ca. 1 weitere Min. anbraten. Dabei ständig rühren.
- Marinade mit den Gewürzen und der Brühe dazugießen. Aufkochen lassen.
- Fleischtopf bei aufgelegtem Deckel im vorgeheizten Backofen bei 180 °C (Umluft: 160 °C) 1½ Std. schmoren lassen.
- Fleisch aus dem Ofen nehmen. Schmorflüssigkeit durch ein Sieb passieren und bei starker Hitze kurz aufkochen lassen. Abschmecken.
- Fleisch in der Sauce wieder erhitzen. Dazu passt Kartoffelpüree.

Tipp

Folgende Stücke vom Wildschwein sind zu empfehlen: Schulter, Filet, Koteletts und Keule. Man sollte frisches, geruchsneutrales Fleisch von kräftig roter Farbe wählen. Wenn man gut an Wildbret kommt so wie wir, wenn wir auf dem Land waren, sollte man darauf achten, dass die Borsten des Wildschweins hellgrau sind. Wildschweinfleisch sollte vor der Verwendung mariniert werden.

Feiern unterm Weihnachtsbaum

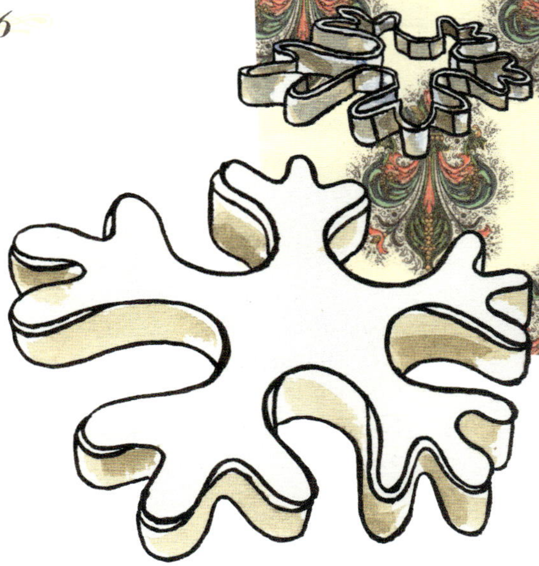

Galettes de Noël

Weihnachtsplätzchen

Zutaten für 30–40 Plätzchen:
250 g Butter
200 g Zucker
1 Päckchen Vanillezucker (à 8 g)
2 ganze Eier und 2 Eigelb zum Bepinseln
ein paar Tropfen Mandelöl
1 Prise Salz
500 g Mehl
125 ml Milch
Ausstechformen oder Glas
bunter Zucker, Rosinen, Walnusshälften zur Verzierung

- Butter in einem Topf zerlassen. Nach und nach Zucker, Vanillezucker und Eier hinzufügen. Ca. 10 Min. rühren.
- Mandelöl und Salz unterrühren. In kleinen Portionen Mehl hinzufügen. Weiterrühren.
- Milch hinzufügen und so lange kneten, bis ein gut formbarer Teig entsteht.
- Teig 1 Std. ruhen lassen. Mit dem Nudelholz dünn ausrollen und Plätzchen ausstechen.
- Mit Eigelb bepinseln und nach Belieben mit buntem Zucker, Rosinen oder Walnüssen bestreuen.
- Plätzchen auf mit Backpapier belegte Bleche legen und in dem auf 180 °C (Umluft: 160 °C) vorgeheizten Backofen 10–15 Min. backen. Nicht zu braun werden lassen.
- Plätzchen auf einem Gitter auskühlen lassen und in Blechdosen aufbewahren.

Tipp
Diese Plätzchen gibt es in unzähligen Variationen, etwa mit Honig, Zimt oder gemahlenen Mandeln statt Mehl. Möchte man die Plätzchen salzig statt süß zubereiten, empfiehlt sich die Zugabe von 70–100 g geriebenem Käse. Bei einer Aperitifeinladung eine wunderbare Alternative zu Chips!

Feingemacht: Jean-Luc und ich

Beignets aux pommes

Apfelkrapfen

Zutaten für 4 Portionen:
250 g Mehl
2 TL Backpulver
1 EL Öl
1 Eiweiß, steifgeschlagen
4 Äpfel, geschält und die Kerngehäuse herausgeschnitten
Frittierfett
Zucker zum Bestreuen

- Mehl in eine Schüssel geben, mit Backpulver vermischen. Öl dazugeben. Mit ca. 200 ml lauwarmem Wasser anrühren, bis ein homogener Teig entsteht.
- Eischnee unterheben und 2 Std. ruhen lassen.
- Äpfel in gleich dicke Scheiben schneiden.
- Frittierfett in einem hohen Topf erhitzen. Apfelscheiben einzeln in den Teig tauchen und im Frittierfett goldgelb braten.
- Abtropfen lassen, mit Zucker bestreuen und warm servieren.

In die Kamera lächeln mit dem geschmückten Baum im Hintergrund

Unser Landhaus Le Piquet
Editions « GABY »
Marque Déposée
BROMOCOLOR
cteurs de tout ou partie de cet
n titre, seront poursuivis selon
loi.
LES

Petit calendrier pour maison de campagne et jardin

Kleiner Saisonkalender für Landhaus und Garten

Januar

Gartengeräte reinigen. Lagergemüse und -obst kontrollieren. Vogelhäuser aufstellen. Obstbäume und Beerensträucher auslichten.

Februar

Clematis und Wein zurückschneiden.

März

Mehrjährige Gewürzkräuter wie Salbei, Thymian, Rosmarin schneiden. Lavendel zurückschneiden. Rosen beschneiden. Unkraut jäten. Lauschen, schauen und staunen. Eine Ahnung von Frühling liegt in der Luft. Krötenwanderung. Amseln, Schwalben, Hummeln, erste Zitronenfalter in der Luft.

April

Für Salate Wildkräuter, Sauerampfer und Löwenzahn pflücken. Beete lockern.

Mai

Rüben und Radieschen aussäen. Kletterhilfen für Tomaten und Erbsen basteln. Kübelpflanzen nach draußen bringen. Vögel und Marienkäfer, Ohrwürmer und Wespen sind unterwegs. Vor dem Rasenmähen Wiesenblumen pflücken.

Juni

Erdbeeren ernten. Kräuter ernten und zum Trocknen aufhängen oder Pesto daraus machen. Verblühtes entfernen.

Juli

Wässern. Tomaten an Kletterhilfen befestigen. Gartenfeste mit Lagerfeuer und Lampions planen. Kapuzinerkresseblüten und Salbei als kulinarischen Schmuck oder Tischdekoration ernten. Rhabarberblätter als Untersetzer benutzen. Aus Rosenblütenblättern oder Lavendel Potpourris bereiten oder sie als hübschen Badezusatz in grobes Salz einlegen.

August

Zwiebeln ernten und aufhängen. Aprikosen, Pfirsiche, Pflaumen und Frühäpfel ernten. Vogeltränken aufstellen. Sommerblumensträuße pflücken.

September

Ernte von Gemüse und Obst. Fallobst auflesen. Aus alten Ästen im Garten Holzskulpturen bauen.

Oktober

Obst ernten. Karotten einlagern. Samen von Sonnenblumen und Kräutern einsammeln und trocken lagern. Kübel ins Winterquartier stellen. Bäume und Sträucher pflanzen. Herbstlaub sammeln und pressen, um Collagen zu gestalten oder Karten zu verzieren. Obstbäume pflanzen. Holz für den Winter schichten.

November

Laub unter Obstbäumen wegfegen. Laubhaufen für Tiere aufschichten. Rosen zurückschneiden. Nistkästen aufstellen.

Dezember

Garten in der Ruhephase. Am 4. Dezember (Barbara-Tag) Kirschbaumzweige schneiden und ins Wasser stellen, damit sie an Weihnachten blühen. Weihnachtsbaum für die Vögel aufstellen: Kugeln oder Ringe mit Vogelfutter aufhängen.

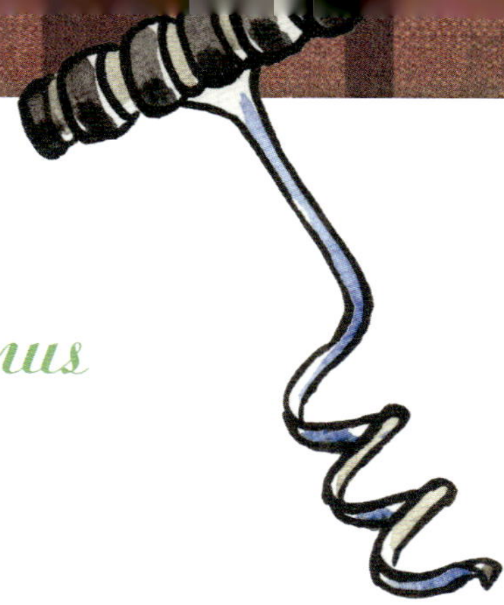

Suggestions de menus

Menüvorschläge

Bei diesem jahreszeitlich aufgebauten Kochbuch liegt es nahe, die Gerichte in den einzelnen Monatskapiteln zu Menüs zusammenzustellen. Sie können bestimmte Gerichte aber natürlich auch unabhängig von den Monaten kombinieren, in denen sie hier vorgestellt werden. Dafür finden Sie im Folgenden einige Vorschläge.

In Frankreich werden meist drei bis fünf Gänge serviert: Suppe, Vorspeise, Hauptspeise mit Beilage, Käseteller (oft begleitet von einem Salat), Dessert. Bei Festessen können es auch acht oder gar zehn Gänge sein. Zwischendurch wird manchmal ein Sorbet oder ein Schnaps angeboten.

Menu un

Zucchinisuppe mit Ziegenfrischkäse
Salat mit allerlei Blattsalaten
Frühlingseintopf mit Lamm und jungem Buttergemüse
Käseteller
Erdbeergratin

Menu deux

Kressesüppchen mit Garnelen
Oliven-Speck-Brötchen mit Anchovispaste
Rindsragout in Rotwein mit Kartoffelplätzchen
Käseteller
Flan nach Art meiner Großmutter

Das alte Schild mit unserem Familiennamen hängt immer noch an der Tür eines Nebengebäudes

Menu trois

Kürbissuppe mit Bresse-Bleu-Käse
Schweinekrustenbraten mit Cidresauce und feinem Kartoffelpüree
Käseteller
Zitronencreme im Töpfchen

Menu quatre

Pilzcremesuppe
Pastete nach Art des Hauses
Mit Esskastanien und Weintrauben gefüllter Fasan mit Maronenpüree
Käseteller
Vanillesoufflé

Menu cinq

Wilder-Spargel-Salat
Schellfischfilets auf einem Muschelbett mit Tomatencoulis
Käseteller
Apfelkrapfen

Menu six

Fischklößchen mit Garnelensauce
Kalbsleber mit Soubisesauce und Kartoffelpüree
Käseteller
Himbeer-Kirsch-Kuchen mit Rosenwasser

Menu sept

Wildkräutersalat mit Ziegenfrischkäse
Weiße-Bohnen-Eintopf mit Bratwürsten und Entenkeulen
Käseteller
Schokoladendessert nach Art meiner Großmutter

Menu huit (végétarien)

Fenchel-Birnen-Salat mit Roquefort und Pampelmusenvinaigrette
Gemüse-Käse-Tarte
Schokoladencrêpes mit Rhabarberkompott

Mit meinen Kindern an der quer geteilten Eingangstür von Le Piquet

Mein Vater mit Jean-Luc und mir

Recettes par rubrique

Rezepte nach Gruppen

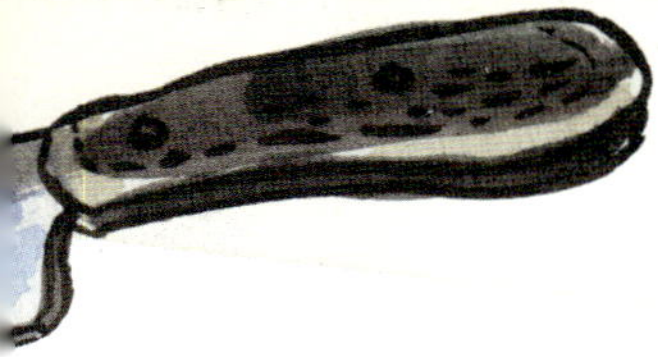

Recettes par ordre alphabétique

Rezepte alphabetisch

Remerciements

Dank an meine Eltern, die meinen Blick auf die kleinen, aber wesentlichen Dinge gelenkt haben, an Mamy, *mon vieux chat*, und an Jean-Luc. An Amandine, Joël und Ralf. Ihr bedeutet mir alles. An Jürgen und Margot – ihr fehlt mir. Dank an alle, die mir Pate standen für die schönen, alten Berufe und Handwerke rund ums Essen, an den Fischhändler Loïc, an Évelyne und Alain, die *famille* Soulard, den Landwirt Père Jousse, den *maître de chai* Guy Jeanneteau, den Dorfkrämer Monsieur Poussin und die Trüffelsucher der Saintonge.

Ein Buch hat viele Mitgestalter, deshalb ein Dank an Stefanie Roth für die bezaubernden Illustrationen und die Gestaltung sowie an meine Lektorin Bettina Eschenhagen für ihre Geduld und ihr Vertrauen.

Dank an Édouard Cointreau, dessen Wertschätzung mir viel bedeutet. *Merci* auch an Michael Dyllick-Brenzinger für die Nutzung seiner einzigartigen Sammlung historischer Kochbücher, an François Loeb für die Nutzung eines handgeschriebenen alten Rezeptbuchs und an Manfred Furrer für die seiner Pilzfotos.

Nicht zuletzt ein Dank an mein »Dream-Team« Elke und Gina – ihr seid toll –, aber auch an Katja, Nina und Jutta für ihre Freundschaft und Hilfe.

Murielle Rousseau-Grieshaber

Murielle Rousseau-Grieshaber, geboren 1966 bei Paris als Tochter einer Deutschen und eines Franzosen, wuchs in Saint-Germain-en-Laye auf und ging mit 19 nach Deutschland, um dort ihr Studium der Germanistik, Romanistik und Linguistik zu beenden. Nach Stationen bei Hamburger Buchverlagen betreibt sie seit 1995 eine Agentur für Presse- und Öffentlichkeitsarbeit für Verlage, Autoren und Kultur mit Sitz in Freiburg im Breisgau und Berlin. Sie lebt mit ihrem Mann und ihren zwei Kindern in Freiburg. 2007 veröffentlichte sie das Kochbuch *A table! Die wunderbaren Rezepte meiner französischen Familie*, das den Gourmand Cookbook Award – 1. Platz für das »beste französische Kochbuch der Welt« – erhielt, und 2008 *La vie en rose. Die wunderbaren süßen Rezepte meiner französischen Familie* (Gourmand Cookbook Award – 2. Platz für das »beste illustrierte Kochbuch der Welt«), beide Gerstenberg Verlag. Seit 2008 ist sie in der Fernsehsendung *Kaffee oder Tee?* regelmäßig live als SWR-Köchin zu sehen.

Stefanie Roth, geboren 1969, studierte Grafik-Design und Illustration und arbeitet als freie Grafikerin, Illustratorin und Dozentin. Sie ist Leiterin des Fachbereichs Grafik-Design an der Designschule Schwerin. Für den Gerstenberg Verlag illustrierte sie u. a. *Die Winterreise*, das von der Stiftung Buchkunst als eines der schönsten Bücher Deutschlands ausgezeichnet wurde, und *La vie en rose. Die wunderbaren süßen Rezepte meiner französischen Familie*, das den Gourmand Cookbook Award – 2. Platz für das »beste illustrierte Kochbuch der Welt« – erhielt. Sie lebt in Berlin und Schwerin.

Illustrationen, Gestaltung und Satz: Stefanie Roth, Berlin
Lithografie: Sepp Barske, Berlin
Satz aus der Aritus und der Utopia
Druck und Bindung: Tlačiarne BB, Banská Bystrica
Printed in the Slovak Replubic
ISBN 978-3-8369-2622-5

www.gerstenberg-verlag.de